Inhalt

Vorwort

Die Börse schwimmt, schwankt, geht aber nicht unter.
Menschen, die keine Rückschläge aushalten können,
dürften nicht einmal in die Nähe der Börse gehen.
Andre Kostolany

Sie haben keine Zeit dieses Buch zu lesen? Sie denken, Sie hätten zu wenig Geld zum Anlegen? Sie kennen sich zu wenig aus? Oder aber Sie meinen, die Aktienanlage sei Ihnen zu risikoreich? Vergessen Sie diese Bedenken! Geld verdienen mit Aktien ist kein Buch mit sieben Siegeln, ist keineswegs unmöglich oder nur etwas für Profis. Vor allem brauchen Sie kein großes Vermögen. Und Sie müssen auch keine hohen Beträge anlegen.

Ich weiß nicht, welche Chancen die Börse bietet, wenn Sie dieses Buch in Händen halten. Möglicherweise sind die Kurse seit einiger Zeit wieder stark gestiegen. Oder aber sie befinden sich noch immer auf Talfahrt, vielleicht gar im Keller? So wie im September/Oktober 1998. Vielleicht sind aber auch nur leichte Schwankungen und keine große Bewegung zu verzeichnen. Doch ganz gleich, in welcher Verfassung die Börse gerade ist: Geld lässt sich mit Aktien immer und nahezu in jeder Börsensituation verdienen.

Dieses Buch präsentiert die Grundlagen der Aktienanlage und ist gerade dann das Richtige für Sie, wenn Sie bislang mit Aktien nichts oder nur sehr wenig zu tun hatten. Möglicherweise erscheinen Ihnen, wenn Sie bereits über Grundkenntnisse verfügen, einzelne Passagen als sehr einfach. Das ist das Anliegen dieses Buches und ganz bewusst gewollt. Doch auch dann werden Sie viel Neues und die eine oder andere wichtige Erfolgsregel in diesem Buch finden, die Sie unbedingt bei Ihrer privaten Vermögensanlage mit Aktien berücksichtigen sollten.

Das Buch richtet sich nicht an Spieler oder Zockernaturen. Also nicht an diejenigen, die innerhalb weniger Tage Aktien kaufen und verkaufen wollen. Denn merke: Hin und her macht Taschen leer! Gemeint ist: Die Gebühren sind in den Fällen, wo jede kleinste Kursbewegung zum Kauf oder Verkauf genutzt wird, oft größer als der Erfolg. Vielmehr werde ich Ihnen Wege und erprobte Strategien aufzeigen, mit denen Sie langfristig Geld mit Aktien verdienen könnnen. Mithilfe derer Sie eben nicht willkürlich spekulieren, sondern clever investieren.

Seien Sie versichert: Der Sprung vom Sparbuch-Sparer zum Aktiensparer lohnt sich! Eine alte Börsenregel lautet: „Wer gut schlafen will, kauft festverzinsliche Wertpapiere. Wer gut essen will, kauft Aktien.“ Auf den folgenden Seiten erfahren Sie, warum diese Börsenregel bis heute gültig ist.

Lassen Sie mich an dieser Stelle wie auch auf den folgenden Seiten *Peter Lynch* zitieren. *Lynch* ist ein Investmentfonds-Superstar. Nach Studium und Wehrdienst begann er bei *Fidelity Investment,* einer der größten US-amerikanischen Investmentgesellschaften, zu arbeiten. 1977 übernahm er als Manager den Fidelity Magellan Fonds. Aus 10 000 in diesem Fonds angelegten US-$ in 1977 wurden bis 1990 rund 235 000 US-$. Sie werden sich fragen, warum ich Ihnen das alles erzähle. Schließlich geht's hier nicht um erfolgreiche Fondsmanager, sondern um die erfolgreiche Spekulation mit Aktien. Ich erzähle Ihnen das, weil mich vor einiger Zeit ein Satz von *Peter Lynch,* einem Menschen, der Milliarden mit Aktien bewegt und verdient, begeistert hat. *Lynch* sagt: „Jeder private Anleger kann mit Aktien reich werden, wenn er nur seine Hausaufgaben macht.“ Und genau dabei möchte ich Ihnen helfen. Ich will dazu beitragen, dass Sie Ihre Hausaufgaben machen. Diese Mühe kann ich Ihnen nicht ersparen. Das wäre unseriös. Denn letztlich ist es an der Börse wie in jedem anderen Geschäft: Man muss sich das nötige Handwerkszeug aneignen und das Gelernte anschließend konsequent anwenden. Das Ergebnis: Sie werden erfolgreich!

Hin und wieder werde ich in diesem Buch auch auf in anderen Büchern erwähnte Grundsätze erfolgreicher Spekulation eingehen. Das liegt schlicht und einfach daran, dass das grundlegende Handwerkszeug, um Geld mit Aktien zu verdienen, eigentlich seit Jahrzehnten gleich geblieben ist. Sich dieses Know-how anzueignen, das versteht *Peter Lynch* unter „Hausaufgaben machen". Ich habe versucht, auf knapp hundert Seiten zusammenzufassen, was Sie an Wissen und praxiserprobten Weisheiten für Ihren Börsenerfolg brauchen. Vor Ihnen liegt damit ein handliches Buch. Eines, das Sie immer bei sich tragen können und in das Sie immer wieder hereinschauen sollten.

„Die Börse handelt nie selbst. Es sind immer Menschen aus Fleisch und Blut, die an der Börse auftreten. Es herrscht absolute Chancengleichheit." Dieser Spruch, der ausdrücklich auch Ihre Chancen betont und Sie insbesondere dann, wenn Sie bislang vor dem Kauf von Aktien oder Aktienfonds zurückgeschreckt sind, zum Schritt an die Börse motivieren soll, stammt vom Geldexperten *Paul C. Martin.* Für Sie bedeutet dieser Satz: Der Gedanke „Davon habe ich doch keine Ahnung!" ist ab sofort passé. An der Börse hat jeder die gleichen Chancen. Es herrscht, wie *Martin* sagt, absolute Chancengleichheit. Ob Sie gewinnen oder verlieren hängt einzig und alleine davon ab, wie konsequent Sie Ihr Wissen in die Tat umsetzen.

Um das „Handwerk Börse" zu beherrschen, braucht es natürlich – wie in jedem anderen Beruf – eine Lehrzeit, in der man neben altem und bewährtem Wissen eigene Erfahrungen sammelt und sich berufliche Tricks aneignet. Ohne Lehrzeit läuft nichts. Lehrzeit, das bedeutet: Theorie und Praxis. Lehrzeit, das bedeutet auch: Risiken einzugehen und durchaus einmal Fehlentscheidungen akzeptieren zu müssen. Halten Sie diese Reihenfolge ein, haben Sie beste Chancen, zu den Gewinnern zu zählen. Ganz gleich, wie es an der Börse aussieht.

Um einen Gefallen bitte ich Sie: Warten Sie nicht ab, bis Sie über vermeintlich genügend Geld verfügen, um dann in Aktien zu spekulieren. Beginnen Sie noch heute, hier und jetzt mit der Theorie – und steigen Sie dann ohne Pause in die Praxis ein! Neben allem Wissen ist die persönliche Spekulations*erfahrung* nämlich eine der wichtigsten, wenn nicht die wichtigste Voraussetzung für eigene Börsenerfolge. Schon an dieser Stelle wünsche ich Ihnen ein glückliches Händchen und jede Menge Erfolg!

Ihr Bernd W. Klöckner

Was sind „Aktien"?

Sie wollen künftig Geld mit Aktien verdienen. Wenn es geht, viel Geld. Während ich dieses Buch schreibe, steht der **DAX,** also der **Deutsche Aktienindex,** bei unter 4000 Punkten. Der DAX ist quasi der Indikator für die Kursentwicklung an der deutschen Börse, sozusagen deren Fieberthermometer. Neben dem DAX gibt es zahlreiche weitere **Indizes** (siehe Seite 23 ff.). Einige Aktien an der deutschen Börse haben, während ich diese Seiten verfasse, bis zu 50% und mehr verloren. Erkennbar auch an einem **Chart** des DAX. Ein Chart ist nichts anderes als die Darstellung der Kursentwicklung. Die Kurse der Vergangenheit werden aneinander gereiht und daraus ergibt sich ein bestimmter Kursverlauf, ein grafisches Bild, eben ein Chart. Macht da ein Buch mit dem Tenor „Geld verdienen mit Aktien" überhaupt Sinn?

Deshalb gleich die gute Nachricht: Im Jahre 1987 gab es den letzten größeren Kursrutsch an den Börsen. Wenn Sie zu diesem wirklich ungünstigen Zeitpunkt, also genau vor dem Crash 1987 Qualitätsaktien gekauft hätten, also beispielsweise Coca-Cola, hätten Sie Ihr Kapital bis heute verzehnfacht! Aus 10 000 DM damals wären bis zum Oktober 1998 immerhin rund 100 000 DM geworden. Eine beachtliche Rendite von über 20% im Jahr. Hand aufs Herz: Kennen Sie eine bessere Kapitalanlage?

Unternehmerische Beteiligung – inflationsgeschützter Sachwert

Wer wünscht sich nicht, Miteigentümer eines möglichst erfolgreichen Unternehmens zu sein? Sich vielleicht an vielen gewinnträchtigen Unternehmen zu beteiligen? Am unternehmerischen Erfolg Anteil haben, Miteigentümer einer Aktiengesellschaft werden bedeutet: Sie müssen Geld investieren, sich mit Geld am Unternehmen beteiligen. Aktien als

Teilhaberpapiere kaufen. Aktien zu kaufen ist also eine unternehmerische Form der Geldanlage. Spekulativ ist diese Form der Geldanlage deswegen, weil es neben unternehmerischen Chancen natürlich auch Risiken gibt. Risiko bedeutet: wenn das Unternehmen schlecht wirtschaftet, die Wirtschaft allgemein nicht so gut läuft oder nach den vom Unternehmen hergestellten Produkten keine oder zu wenig Nachfrage besteht. Macht das Unternehmen in Folge Verluste, sitzen Sie als Aktionär mit im Boot. Umgekehrt profitieren Sie von steigenden Unternehmensgewinnen und rosigen Zukunftsaussichten. **Wichtig:** Aktien kauft man also wegen der *künftigen* Unternehmensaussichten.

Der Aktienkurs – Wirkung von Angebot und Nachfrage

Sind die Zukunftsaussichten des Unternehmens rosig, möchten viele Anleger an diesen Aussichten teilhaben und kaufen Aktien. Die **Aktienkurse** des entsprechenden Unternehmens steigen. Sieht es hingegen schlecht aus, bleiben die Aktionäre auf ihren Aktien sitzen, keiner will sie kaufen, der Kurs sinkt. Das, was für den Preis herkömmlicher Waren gilt, gilt auch für Aktien. Der **Preis** einer Ware richtet sich nach **Angebot und Nachfrage**. Ein Beispiel: Im Sommer sind Erdbeeren in großen Mengen im Angebot, der Preis ist günstig. Im Winter gibt es wenig Erdbeeren, der Preis bei gleicher Nachfrage steigt. Auch der Kurs der „Ware" Aktie hängt von Angebot und Nachfrage ab. Ein einfaches Beispiel:

Das erfolgreiche Unternehmen Zukunft AG bringt neue Aktien heraus. Das Unternehmen hat beste Zukunftsaussichten, weil es ein einzigartiges Medikament für Millionen von Menschen entwickelt hat. Es ist also sicher, dass die Zukunft AG in den folgenden Jahren große Gewinne erzielen wird. Angenommen, es gäbe nur 10 Aktien an der Börse zu kaufen. Jede dieser Aktie würde 1 000 EUR kosten. Da nun viele Anleger Aktien der Zukunft AG besitzen wollen und ihrer Bank einen Kaufauftrag zum Kauf einer Aktie der Zukunft AG erteilen, steht einem begrenzten Angebot (10 Aktien) eine immer stärkere Nachfrage gegenüber. Manche interessierte Käufer würden möglicherweise 1 500 oder sogar 2 000 EUR zahlen. Würden bisherige Besitzer zu diesem Kurs verkaufen, wechseln die Aktien den Besitzer. Nehmen wir weiter an, kurze Zeit später stelle sich heraus, dass das Medikament der Zukunft

AG, also ihr einziges Produkt, erhebliche und sehr gefährliche, zu Anfang nicht bekannte Nebenwirkungen hat. Schlagartig werden sich die Zukunftsaussichten verschlechtern. Nur noch wenige werden die Aktie der Zukunft AG besitzen wollen, die meisten werden abwarten, wie sich das Unternehmen entwickelt. Die Aktienbesitzer, die zum Preis von 2 000 EUR pro Aktie gekauft haben, besitzen nun Anteile an einem Unternehmen, das, will es nicht wegen Verlusten in Konkurs gehen, möglicherweise erhebliche Beträge in die weitere Forschung investieren und sich damit wieder eine Marktchance erarbeiten muss. Es könnte sogar so weit kommen, dass niemand mehr das Medikament der Zukunft AG kaufen möchte, bis die Nebenwirkungen beseitigt sind. Bis dahin würden also erhebliche Verluste erwirtschaftet. Wollen nun die Aktienbesitzer verkaufen, wird bei einem Preis von 2 000 EUR niemand zugreifen. Wer will sich schon an einem solchen Unternehmen beteiligen?! Vielleicht bei 1 500, vielleicht aber auch erst bei 1 000 EUR oder noch weniger gäbe es spekulative, mutige Käufer.

So wie in diesem schematischen Beispiel entsteht auch in der Realität der Kurs am Aktienmarkt. Damit lernen wir den wichtigsten Grundsatz:

EXPERTENTIPP

Geld verdienen mit Aktien kann auf Dauer nur, wer auf langfristig erfolgreiche Unternehmen setzt. Vor einem Kauf muss man sich mit dem Unternehmen, der Branche allgemein und den Zukunftsaussichten vertraut machen.

Wenn Sie sich nun fragen, wie Sie sich Kenntnisse über die Zukunftsaussichten eines Unternehmens erarbeiten können, dann seien Sie beruhigt. Ab Seite 39 lernen Sie ob ein Aktienkauf sich lohnt oder nicht.

Apropos Angebot und Nachfrage. *André Kostolany*, Altmeister der Börse, geschätzter Kolumnist der Zeitschrift „Capital", erzählt in seinen Büchern immer wieder gerne die Geschichte, wie ihm ein alter Herr in seinen eigenen jungen Jahren beibrachte, wie Angebot und Nachfrage an der Börse aussehen. Auch *Kostolany* vertritt die Gesetzmäßigkeit, dass es in der Börsenlogik nur auf Angebot und Nachfrage ankomme. Der alte Herr, von dem *Kostolany* spricht, sagte ihm vor vielen Jahren an der Börse von Paris: „Da Ihr Chef (gemeint war *Kostolany*) mein Freund ist, werde ich Sie jetzt etwas überaus Wichtiges lehren. Sehen Sie sich um, hier hängt alles von einer einzigen Sache ab, ob es mehr Dumme als Papiere gibt oder mehr Papiere als Dumme."

Das Wort „Dumme" ist in diesem Zusammenhang keineswegs abschätzend gemeint, sondern verstanden werden darunter die Aktienkäufer. Gibt es, weil immer mehr Menschen auf Aktien setzen, mehr Aktienkäufer als Papiere, so steigen die Kurse, gibt es weniger Aktienkäufer als Papiere und damit weniger Nachfrage, so sinken die Kurse.
Wichtig: Als Aktionär haften Sie nur mit Ihrem Aktienanteil. Eine weitergehende Haftung ist ausgeschlossen. Tritt der schlimmste Fall ein und ein Unternehmen geht Pleite, so verlieren Sie als Aktionär „nur" Ihr eingesetztes Kapital. Ein kleiner Trost: Sie haben dann immer noch die Möglichkeit, sich die Aktien einrahmen zu lassen und sie aufzuhängen. Allerdings geht das nur, wenn Sie sich vorher die Aktien gegen Aufpreis haben aushändigen lassen.

Schreckgespenst Inflation?

Warum sollte man sich eigentlich mit Aktien beschäftigen? Die Möglichkeit, Gewinne zu erzielen, ist die eine Seite. Die andere und als Grundlage weit wichtigere ist, dass Aktien **Substanz**- und **Ertragswerte** sind. Substanzwerte deswegen, weil eine Aktie ein Bruchteil eines Unternehmens ist: Sie sind mit einer Aktie zu einem Bruchteil Miteigentümer. Nun unterscheidet man Geldanlagen in zwei Arten:

1. Geldwert: Darunter versteht man die Kaufkraft des Geldes. Bei steigendem Preisniveau sinkt der Wert. Man kann mit dem gleichen Betrag immer weniger kaufen. Merke: Papiergeld ist nichts anderes, als in Papier gedrucktes Vertrauen.

2. Sachwert: Sachwerte sind zum Beispiel Immobilien und zum Teil auch Aktienbesitz, hier: Ihr Anteil an den Substanzwerten eines Unternehmens. Eine Immobilie behält ihren Wert unabhängig von der Kaufkraft einer Währung. Auch Aktien, als Bruchteile eines Unternehmens, verkörpern somit einen Bruchteil der Sachwerte des Unternehmens. Steigen die Preise, steigt in der Regel auch der Wert dieser Sachwerte. Einfach dargestellt: Man kann also bei steigendem Preis zu höherem Wert verkaufen und schützt sich so vor Inflation (Geldentwertung). Stellen wir uns gemeinsam vor, die Inflation steigt eines Tages wieder stärker. Inflation heißt, Sie müssen für ein und dieselbe Sache immer mehr bezahlen, weil die Währung immer weniger wert ist. Denken Sie stets daran: Geld ist ohnehin nichts anderes als in Papier gedrucktes Vertrauen. Weitgehend inflationssicher sind ausschließlich Sachwerte. Sachwerte, wie wir eben gehört haben, steigen bei steigenden Preisen ebenfalls im Wert und können zu einem höheren Preis verkauft werden.

Ein Beispiel:
Nehmen wir an, Sie erwerben eine Immobilie zum Preis von 300 000 Euro. Es kommt nun zu starker Inflation, der Euro würde immer schwächer gegenüber anderen Währungen. Das macht Ihnen gar nichts, denn Sie haben Ihr Geld im Sachwert Immobilie angelegt. Als Sachwertbesitzer können Sie beruhigt abwarten was passiert. Wie stark auch immer entwertet würde, Ihre Immobilie oder – im Falle von Aktienbesitz Ihr Bruchteil an der Unternehmenssubstanz bleibt erhalten. Bei Aktien kommt hinzu: Wächst das Unternehmen und wächst die Unternehmenssubstanz, vergrößert sich im Laufe der Jahre ihr so gehaltener Sachwert.

Und noch ein Beispiel:
Die Kaufkraft von 100 DM im Jahre 1948 ist auf 27 DM im Jahre 1998 gesunken. Ein Unternehmensanteil, den Sie 1948 für 100 DM gekauft haben, ist – vorausgesetzt es handelt sich um ein erfolgreiches Unternehmen – garantiert mehr wert durch die Unternehmensentwicklung und Ihr Unternehmensanteil ist gleich geblieben.

Mit anderen Worten und ein Beispiel aus der Immobilienbranche nehmend: Aus 100 EUR werden irgendwann nur noch 1 EUR, aus 100 m^2 kann nie nur 1 m^2 werden.

Exkurs: der Warenkorb

Der so genannte **Warenkorb** ist die Basis, um die monatliche offiziell gemeldete Inflation in Deutschland, die so genannte **Steigerung der Lebenshaltungskosten** zu errechnen. Sie kennen die Meldungen diesbezüglich aus den Medien. Als „Warenkorb“ bezeichnet man, vereinfacht ausgedrückt, die Waren, die sich Verbraucher beim Einkauf sozusagen in den Einkaufskorb, eben den Warenkorb, legen. Die Umfragen werden vom *Statistischen Bundesamt* durchgeführt. Je nach Verbrauchsgewohnheiten der Bundesbürger wird dann alle fünf Jahre, das ist der Rhythmus dieser Erhebungen, der neue Warenkorb zusammengestellt.

Da das Thema Inflation für die Börse und die mögliche Entwicklung der Aktienkurse eine wichtige Rolle spielt, müssen Sie wissen, was sich hinter den monatlich gemeldeten **Inflationsraten** versteckt. Um die Inflation innerhalb des Warenkorbes zu ermitteln, werden in 190 Städten einmal monatlich die Preise ermittelt. Es handelt sich dabei in Ost und West um die gleichen Waren, die lediglich unterschiedlich gewichtet werden. Begründung: Die Menschen im Osten verdienen, gemessen am Durchschnittslohn, weniger als die im Westen. Ein größerer Teil im Osten entfällt daher auf die Position Ernährung und Getränke (Lebensmittel) sowie Tabakwaren (Genussmittel). Die weiteren Posten im Warenkorb sind: Bekleidung, Schuhe; Wohnungsmiete; Energie; Möbel, Haushaltsgeräte; Gesundheit, Körperpflege; Verkehr, Nachrichtenübermittlung; Bildung, Freizeit; persönliche Ausstattung, Sonstiges.

In Anbetracht dieses Warenkorbes wird klar, dass die individuelle Inflation ganz anders als die offizielle aussehen kann. Wenn Sie beispielsweise einen Rentnerhaushalt mit geringem Einkommen nehmen, dann wird ein zur Verfügung stehendes geringes Einkommen in der Regel weniger für Warenpositionen wie Bildung und Freizeit oder Verkehr/Nachrichtenübermittlung ausgegeben, sondern mehr für Ernährung und Getränke. Möglicherweise ist die offizielle Inflation, gemessen am gesamten Warenkorb, dann gering, obwohl Ihre persönliche Haushaltsinflation steigt.

Die Wertentwicklung verschiedener Anlagearten

Im Folgenden sehen Sie die Wertentwicklung (jährlich reale Rendite in Prozent) deutscher Aktien. Die Zahlen waren Grundlage eines Vortrages von Professor Richard Stehle, Humboldt Universität zu Berlin, anlässlich eines Workshops der Union-Investment-Gesellschaft im Juli 1997. Prof. Stehle untersuchte den Zeitraum 1948 bis 1997.

Jährlich reale Renditen deutscher Aktien (in Prozent) ohne Berücksichtigung von Steuern

Anlagezeitraum in Jahren, also alle...	Mittelwert in Prozent
1-Jahreszeiträume	16,36
5-Jahreszeiträume	11,78
10-Jahreszeiträume	11,60
15-Jahreszeiträume	9,55
20-Jahreszeiträume	8,17
25-Jahreszeiträume	11,35

Quelle: Prof. Stehle, Darstellung © IFP-Institut, Lahnstein, Bernd W. Klöckner

Jährlich reale Renditen deutscher Aktien (in Prozent) Steuersatz 36 Prozent

Anlagezeitraum in Jahren, also alle...	Mittelwert in Prozent
1-Jahreszeiträume	15,00
5-Jahreszeiträume	10,44
10-Jahreszeiträume	10,24
15-Jahreszeiträume	8,09
20-Jahreszeiträume	6,66
25-Jahreszeiträume	9,98

Quelle: Prof. Stehle, Darstellung © IFP-Institut, Lahnstein, Bernd W. Klöckner

Für Ihre private Geldanlage gilt also:

Expertentipp

Investieren Sie einen Großteil Ihres Vermögens in Sachwerte wie Aktien und Immobilien. Langfristig erzielen Sie mit sorgfältig ausgewählten Aktien unter vorübergehend möglichen Kursschwankungen weitgehend inflationsgeschützte, gute Gewinne.

Aktie kontra Immobilie

Wenn Sie nun zwischen den beiden Sachwerten Aktie und Immobilie wählen müssen, möchte ich Ihnen im Folgenden ein gutes Argument für Ihre Entscheidung, Geld mit Aktien zu verdienen, geben:

Möglicherweise besitzen Sie ein Haus oder beabsichtigen, in absehbarer Zeit eines zu erwerben oder zu bauen. Eine Immobilie ist, wie auch eine Aktie, ein Sachwert und damit weitgehend inflationssicher. Wenn Sie eine Immobilie als Geldanlage betrachten, dann rechnen Sie damit, eines Tages Ihre Immobilie wieder zu einem höheren Preis, als Sie selbst bezahlt haben, verkaufen zu können.

Nun haben Immobilien allerdings einen Haken. Dieser Haken liegt darin, dass Sie abhängig sind von der Nachfrage nach Immobilien genau in der Region, dem Ort, der Lage, wo Ihre Immobilie steht. Herrscht dort keine Nachfrage, dann erzielen Sie keinen oder nur einen schlechten Preis.

Kaufen Sie dagegen Aktien unter Berücksichtigung der in diesem Buch genannten Erfolgsstrategien – nehmen wir an *McDonald* oder andere *Blue Chips* – so hängt der Preis Ihrer Anlage, in diesem Fall der Aktien, von Millionen von Menschen ab. Ganz gleich, ob in Ihrem Heimatort jemand zu *McDonald* geht oder Geräte von *Siemens* kauft oder nicht. Ganz gleich, ob kein einziger in Ihrem Ort Ansässiger jemals Daimler fährt. Denn bei guter Unternehmenspolitik kaufen Millionen andere Menschen die Produkte. Die Nachfrage ist da, das Unternehmen erwirtschaftet weiter Gewinne und die Kurse der Aktien steigen ebenfalls. (Dies ist natürlich die persönliche Meinung des Autors …)

Linsensuppe und Freibier: die Hauptversammlung

Stippvisite bei „Ihrem“ Unternehmen

Wenn Sie **stimmberechtigte** Aktien besitzen und an einer **Hauptversammlung** teilnehmen möchten, lassen Sie das Ihre Bank wissen. Die notwendigen Unterlagen wie Tagesordnung und Stimmkarte erhalten Sie dann zugesandt. Wollen Sie nicht selbst teilnehmen, können Sie Ihr **Stimmrecht** auf andere übertragen. (Übrigens: Die Reisekosten können Sie in Ihrer Steuererklärung als Werbungskosten geltend machen.) Es ist durchaus möglich, als Aktionär an einer Hauptversammlung teilzunehmen, ohne ein Wort zu sagen. Genießen Sie einfach die Stimmung, das Essen. Möglicherweise gibt es statt Linsensuppe oder anderen einfachen Gerichten ein richtig gutes Buffet.

Hauptversammlungen finden in der Regel einmal im Jahrt statt. Kommt es aufgrund besonderer Anlässe zu weiteren Hauptversammlungen, spricht man von **außerordentlichen Hauptversammlungen;** dann können es auch mehr Veranstaltungen pro Jahr sein. Als **Kleinaktionär** stimmen Sie bei der ordentlichen Hauptversammlung über die Verwendung eines Teils des Gewinns ab. Irgendeinen Einfluss haben Sie allerdings nicht, den haben nur die so genannten **Großaktionäre.** Das ist auch der Grund, wieso in diesem Buch auf weitere Einzelheiten zum Thema Hauptversammlung verzichtet wird.

Internet-Begeisterte klicken die Homepage im Internet www.hauptversammlung.de an. Hier gibt es weitere Informationen zum Thema. An der Hauptversammlung kann jeder mitstimmen, der eine Aktie mit verbrieftem Stimmrecht des betreffenden Unternehmens besitzt. Einzige Bedingung: Die Aktien müssen spätestens zwei Wochen vor der Hauptversammlung gekauft werden und stimmberechtigt sein. Stimmberechtigt ist nicht jede Aktie, denn es gibt verschiedene Arten:

Die verschiedenen Aktienarten

Stammaktie

Dies ist die übliche Form der Aktie. Stammaktien verbriefen das Stimmrecht des Aktionärs. Man unterscheidet bei den Stammaktien die folgenden drei Arten:

1. **Inhaberaktien:** Diese Aktien heißen so, weil der Inhaber der Aktie auch der Eigentümer und Besitzer ist. Diese Aktien können also von Person zu Person weitergegeben werden. Bei an den deutschen Börsen gehandelten Aktien inländischer Gesellschaften ist die Inhaberaktie die häufigste Form.

2. **Namensaktien:** Hier steht der Name des Aktionärs mit im Vordergrund bzw. spielt eine Rolle. Als Name kommt derjenige einer natürlichen oder juristischen Person infrage. Der Name wird dann in das Aktienbuch der jeweiligen Gesellschaft eingetragen. Vorteil: Die Gesellschaft weiß, wer Anteile an ihrem Unternehmen hält. Anders als bei den Inhaberaktien ist der Handel somit erschwert. Denn: Wechselt die Aktie von einer Person zur anderen, muss der Aufdruck auf der Aktie wie auch das Aktienbuch der Gesellschaft geändert werden.
3. **Vinkulierte** Namensaktie: Dies ist eine Sonderform der Namensaktie. Hier darf nur dann verkauft werden, wenn die Aktiengesellschaft dem zustimmt. Vorteil: Die jeweilige Gesellschaft weiß nicht nur, wer Anteile an ihrem Unternehmen hält, sondern hat zudem die Möglichkeit, den Kreis der Aktionäre zu beteiligen.

Sonderform Vorzugsaktie

Bei der **Vorzugsaktie** werden Sie, wie der Name sagt, bevorzugt. Sie erhalten also mehr als andere. Im Gegenzug, das lässt sich leicht erahnen, müssen Sie auf andere Rechte gegenüber der Gesellschaft verzichten. Vorzugsaktien werden auch abgekürzt „Vorzüge“ genannt. Vorzugsaktien können grundsätzlich mit oder ohne Stimmrecht von der Gesellschaft herausgegeben werden. Meist handelt es sich bei Vorzugsaktien um Aktien ohne Stimmrecht. Der Vorteil dieser Aktienart: Bei der Dividendenausschüttung werden Sie bevorzugt. Entweder erhalten Sie dann eine garantierte Rendite (unabhängig von der Gewinnentwicklung) oder aber eine höhere Rendite.

Dividende gibt es auch noch

Die **Dividende** ist der Anteil des Jahresgewinns, der auf Sie als Aktionär entfällt bzw. der Ihnen für jede einzelne Aktie ausgeschüttet wird. **Vorstand** und **Aufsichtsrat** eines Unternehmens schlagen die Dividende vor; die Genehmigung erfolgt in der Hauptversammlung. Wurde die Dividende gezahlt, finden Sie im Börsenteil der Tageszeitungen die Bezeichnung „ex Dividende“ oder abgekürzt „exD“.

Wichtig: Für den Aktionär stehen in erster Linie mögliche Kurssteigerungen im Vordergrund. Manche Aktien bieten verhältnismäßig hohe Renditen von um die 5%. In manchen Büchern werden diese Aktien daher auch als „Sparbuchaktien" bezeichnet. Die Berechnung der Dividendengutschrift ist kompliziert und kein notwendiges Handwerkszeug für diejenigen, die wirklich Geld mit Aktien verdienen wollen. Wer sich dennoch in diese Materie einlesen möchte, dem sei das rund 620 Seiten starke Buch des bekannten Börsenautors *Willi H. Grün* „Mehr Geld verdienen mit Aktien" empfohlen.

Steuersparmodell „Aktie für jedermann"

Der Sachwert Aktie bietet Ihnen **Steuervorteile.** Dann nämlich, wenn Sie die Aktien länger als die vorgeschriebene **Spekulationsfrist** von zwölf Monaten in Besitz halten. Vergehen zwischen Anschaffung und Veräußerung – so heißt es im Einkommenssteuergesetz – weniger als zwölf Monate, so ist **Spekulationssteuer**, sprich Einkommenssteuer fällig. Liegt Ihr persönlicher Steuersatz bei sagen wir 40%, dann müssen Sie grundsätzlich auch 40% des **Spekulationsgewinns** abführen. Auf weitere steuerliche Einzelheiten rund um die Spekulation mit Aktien sprechen Sie am besten kostengünstig einen Wertpapierberater Ihrer Bank an.

An Steuerberater wenden Sie sich nur in Ausnahmefällen, nicht selten müssen die sich selbst erst schlau machen. Fazit: Ausgehend von den im Kapitel „Die Wertentwicklung bei der Aktienanlage" genannten Zahlen von Prof. Stehle und oben beschriebene steuerliche Vorteile berücksichtigend ist klar, daß Sie bei Ihrer privaten Geldanlage Aktien unbedingt einplanen müssen.

Die Börse – ein glattes Parkett?

Man geht davon aus, dass der Begriff „Börse" im 16. Jahrhundert entstanden ist. Eine in Brügge lebende Kaufmannsfamilie *Van der Beurse* handelte damals mit Wechseln und bewahrte diese Wechsel in Lederbeuteln, „Bursa" genannt, auf. Aus beiden Namen, Van der Beurse und Bursa, entstand vermutlich der Begriff „Börse".

Die erste **Aktiengesellschaft** überhaupt war die um 1600 gegründete *Vereinigte Ostindische Kompanie.* Sie zahlte bereits im ersten und zweiten Jahr hohe **Dividenden** (Anteile am Unternehmensgewinn) an die **Aktionäre** aus. Die Interessenten standen Schlange, um Aktionäre zu werden, und einzelne Aktionäre waren bereit zu verkaufen. So kam es zu einem regen Aktienhandel.

Der Vorteil für die Unternehmen liegt bei dieser Form der Kapitalbildung bis heute darin, dass die Aktien an der Börse gehandelt werden können, ohne dass das Unternehmen selbst Kapital an den verkaufenden Aktionär zurückzahlen muss.

Über die historische Entwicklung wie auch über die heutige Börse kann man viel und lang erzählen. Ich möchte mich auf das Nötigste beschränken bzw. Ihnen die wirklich notwendigen Tipps weitergeben.

Börsen(mit)spieler und Börsenzeiten

Um alles Notwendige über die Börsen(mit)spieler und **Börsenzeiten** zu erfahren, wenden Sie sich am besten an die *Deutsche Börse AG, Presse- und Informationsabteilung, Telefon: 069/29977-382.*

Die *Deutsche Börse AG* bietet hervorragendes Informationsmaterial und als Bonbon: Sie können auf der Zuschauerempore an den Börsensitzungen teilnehmen. Die Zuschauerempore ist die Besuchergalerie an der *Frankfurter Börse.* Es lohnt sich, den Börsenhandel einmal live zu erleben.

Bankangestellte, so genannte **Kursmakler** oder **freie Makler** bieten im Börsengeschehen mit. Rund 50 Angestellte arbeiten für die *Frankfurter Börse;* in London sind es immerhin über 2 000 Angestellte.

Die Messlatte jeder Börse: der Index

Damit Sie einen Überblick über die Kursentwicklung am Gesamtmarkt erhalten, brauchen Sie keinesfalls alle Aktien im Blick zu haben. Hierfür gibt es nämlich den so genannten **Index**. Stellen Sie sich unter einem „Index" am besten eine Zusammenfassung verschiedener Einzeltitel vor. Die Kurse der ausgewählten Einzeltitel werden addiert und gewichtet. Viel mehr müssen Sie zum Thema Index nicht wissen.

Für Sie ist der Index eine Art Barometer, der Antwort gibt auf die Frage, ob die Kurse an der Börse, bezogen auf die einem Index zugrunde liegenden Basiswerte, im Gesamten steigen oder fallen. Indizes sind für Sie eine Messlatte, wie sich eine Börse entwickelt. Nicht mehr und nicht weniger. Sich ausschließlich nach der Indexentwicklung zu richten, bringt nur wenig. Für Sie als Aktionär bleibt weiterhin als wichtigste Aufgabe, sich mit Einzelwerten auseinander zu setzen.

Im Laufe Ihres künftigen Aktionärslebens werden Sie hauptsächlich auf folgende Indizes stoßen:

Welche Indizes es gibt

DAX – der deutsche Aktienindex

Er umfasst 30 Einzelwerte. Welche Einzelwerte das sind und wie gewichtet wird, entscheiden die Börsenkapitalisierung der betreffenden Unternehmen sowie deren Umsatz. Die Unternehmen des DAX werden also nicht zu gleichen Teilen bewertet.

An der Börse wird der DAX jede Minute neu ermittelt. Der jeweils aktuelle Wert ergibt sich aus der Kursentwicklung der zugrunde liegenden Werte.

DAX 100 – Index der 100 Aktiengesellschaften

Dieser Index umfasst sowohl die DAX-Werte als auch die 70 Werte des nachfolgend beschriebenen MDAX. Insgesamt geht es also um 100 Werte, daher der Name. Auch der DAX 100 wird an der Börse jede Minute neu berechnet.

MDAX – Index der so genannten Mid-cap-Unternehmen

Auch der MDAX wird jede Minute neu errechnet. Er umfasst die 70 Gesellschaften, die sozusagen in der Rangliste, gemessen an der Börsenkapitalisierung, nach den DAX-Werten kommen. Es handelt sich also um Unternehmen mit einer geringeren Kapitalausstattung als bei den Aktiengesellschaften, die im DAX zusammengefasst sind.

CDAX – Index einzelner Branchen

Das C steht hier für „Composite“. Composite bedeutet so viel wie „Zusammensetzung“.

Es gibt beispielsweise den CDAX-Textil. Er ist also zusammengesetzt aus allen Aktiengesellschaften der Textilbranche.

Alle CDAX-Indizes für die einzelnen Branchen werden im CDAX-Gesamtindex zusammengefasst.

Dow-Jones-Index

Genau genommen heißt er *Dow Jones Industrial Average,* abgekürzt DJIA, abgekürzt *Dow Jones.* Dieser Index wird auf *Charles Henry Dow* zurückgeführt.

Heute umfasst der *Dow Jones* 30 Aktiengesellschaften, allerdings nur die großen Unternehmen mit einer hervorragenden Bonität. **Wichtig:** Diese 30 Unternehmen machen rund 20% des gesamten Aktienkapitals der amerikanischen Börse aus. Steigt oder sinkt also der *Dow Jones,* so heißt das noch lange nicht, dass der gesamte amerikanische Markt Gewinne oder Verluste bringt. Auf der anderen Seite richtet sich die Aufmerskamkeit der Börsianer in der Welt jeden Tag auf den *Dow Jones.* Er ist also in gewisser Hinsicht ein Leitindex.

Europäische Aktienindizes

Dow Jones Stoxx:	666 Aktien aus 16 Ländern
Dow Jones Euro Stoxx:	326 Aktien aus den bislang 11 Euro-Ländern
Dow Jones Stoxx 50:	50 Topaktien aus Europa
Dow Jones Euro Stoxx 50:	50 Topaktien der bislang 11 Euro-Länder

Wie die Aktie zur Börse kommt

Das Ganze läuft über das so genannte **Bookbuilding-Verfahren.** Will Unternehmen A mit seinem Unternehmen an die Börse, beauftragt er zunächst ein bestimmtes Kreditinstitut. Dieses Kreditinstitut, es können auch mehrere sein, legt eine Preisspanne, abhängig von der Unternehmensbewertung fest. Später wird dem breiten Publikum die Preisspanne für die abzugebenden Kaufangebote bekannt gegeben. Alle Gebote werden am letzten Tag der so genannten **Zeichnungsfrist** ausgewertet und der so genannte **Emissionspreis** entsteht. Sie alle kennen das Beispiel der *Telekom.* Hier lag die Preisspanne zwischen 25 und 30 DM. Die Aktie kam mit 28,50 DM an den Markt.

Was Sie über Insider wissen müssen

Als „Insiderinformation" bezeichnet man öffentlich nicht bekannte Informationen zu börsennotierten Wertpapieren. Es muß sich dabei um Informationen handeln, die den Börsenkurs beeinflussen könnten. Außen vor bleiben Gerüchte und sonstige nicht begründete Meinungen. Seit dem 1. 8. 1994 ist es Insidern, also Personen die aufgrund ihrer beruflichen Position früher über wichtige Informationen Kenntnis erlangen, verboten, diese Informationen zum persönlichen Gewinn zu nutzen. Bekanntes Beispiel eines Insiders: Franz Steinkühler (61), bekannter Strahlemann, trat 1993 als IG-Metall-Vorsitzender wegen Aktienspekulationen zurück. Die Strafe für Insider kann hart sein. 1997 lag die höchste Strafe für einen Insiderhandel mit Aktien des Fensterherstellers Weru immerhin bei 3,6 Millionen Mark und einem Jahr Bewährung.

Aktienmärkte

Der deutsche Markt

Der **deutsche Markt** ist in verschiedene Börsensegmente unterteilt: den so genannten **amtlichen Handel**, den **geregelten Markt** und den **Freiverkehr**. Hinzu kam 1997 der **neue Markt**.

Der **amtliche Markt** hört sich allein schon vom Namen her wichtig an. Es gelten dort auch die strengsten, im **Börsengesetz** niedergeschriebenen Regeln. Des Weiteren müssen die am amtlichen Markt notierten Unternehmen eine bestimmte Größe erreichen. Im **geregelten Markt** sind die Anforderungen an die Unternehmen nicht so streng. Auch das geforderte Eigenkapital ist niedriger angesetzt. Im **Freiverkehr** geht es ein wenig zu wie in freier Wildbahn. Die Vorschriften sind locker, eine besondere Zulassung ist nicht nötig.

EXPERTENTIPP

Aktienverkäufer sind bei Kauf von Aktien der Unternehmen des amtlichen Handels am ehesten geschützt. Kaufen Sie als Aktieneinsteiger grundsätzlich lieber Werte des amtlichen Marktes. Ausnahme: der neue Markt. Wer heftig spekulieren will, der kann hier sein Geld anlegen und mit ein wenig Glück vervielfachen.

Der neue Markt

Am so genannten **neuen Markt** wurden in den Jahren 1997 und 1998 große Gewinne erzielt. Zugelassen sind an diesem Markt kleinere und mittlere Wachstumsunternehmen. Mit klaren, wohl überlegten Anlageentscheidungen hatte so mancher Kauf seit 1997 nicht mehr das Geringste zu tun. Im ersten Jahr stieg der Index des neuen Marktes um sage und schreibe 220%. Bekanntes Beispiel: Die Aktie der *Mobil Com.* Zu 62,50 DM auf den Markt gebracht, stieg die Aktie bis über 1 900 DM.

Auch für den neuen Markt gilt: Beschäftigen Sie sich ausreichend mit einem Unternehmen, bevor Sie in dessen Aktien investieren. Fragen Sie nach dem realistischen künftigen Gewinn. In keinem Fall sollten Sie blind und der Masse folgend kaufen. Manches innovative Wachstumsunternehmen mag ein hohes Kurs-Gewinn-Verhältnis rechtfertigen, Übertreibungen kosten Sie jedoch nur Geld. Ein Kurs-Gewinn-Verhältnis von 40 oder 50 mag bei realistischen Zukunftsaussichten in Ordnung sein, in Sondersituationen auch mehr. Kurs-Gewinn-Verhältnisse von 100 und mehr sind jedoch utopisch.

EXPERTENTIPP

***Wichtigste Regel:* Kaufen Sie am neuen Markt niemals ohne Limit!**

Internationale Aktien

Deutsche Unternehmen sind für Sie am leichtesten zu beurteilen. Diesen Markt beherrschen Sie schneller, Sie wissen eher, welche Unternehmen erfolgreich sind. Sie sitzen ja quasi näher an der Information, können den deutschen Markt besser beobachten. Bevor Sie sich an ausländische Aktien wagen, sollten Sie also in deutsche Aktien investieren. Sozusagen in Deutschland üben und erst danach über den Tellerrand blicken.

Wenn Sie „fitter" sind, kann es sich allerdings lohnen, als Aktionär einmal über Deutschland hinauszuschauen. Immer wieder kommt es nämlich zu Börsensituationen, in denen Sie in Deutschland kaum etwas verdienen, die Kurse vor sich hindümpeln. 1995 bot beispielsweise die *New Yorker Börse* tolle Kursgewinne, in Deutschland war es dagegen eher ruhig.

Bei Interesse an ausländischen Aktien stehen Sie jedoch vor dem Problem, sich Informationen beschaffen zu müssen. Der Grundsatz, dass Sie jedes Unternehmen kennen sollten, in das Sie investieren, gilt natürlich ebenso für ausländische Aktien. Zeitungen und das Fernsehen bieten gute Informationen zu einzelnen Firmen, ferner zur Zinsentwicklung und zur Konjunktur des jeweiligen Landes.

EXPERTENTIPP

In jedem Fall sollten Sie die USA, Japan, England und Frankreich bei Ihren Aktieninvestments berücksichtigen. Vorsicht ist dagegen bei so genannten *Emerging-Markets* angesagt (als „Emerging-Markets" bezeichnet man Wachstumsmärkte wie beispielsweise einige Länder Südostasiens); großen Gewinnchancen stehen hohe Verlustrisiken gegenüber.

Vermögen ansparen – Zukunft sichern

In der „Welt am Sonntag“ vom 11. Oktober 1998 erzählte *Mike Young* folgende „Erfolgsstory“: Wie aus 3 300 $ in 25 Jahren und 8 Monaten 22 400 $ werden.

Mike Young ist erfolgreicher Börsenprofi und Chefstratege beim Brokerhaus *Goldman, Sachs. Young* berichtete von einer Modellrechnung, die er mit seinen Kollegen durchgespielt hatte. In diesem Modell ging man davon aus, dass ein Anleger seit 1973 jeweils zum Ersten des Monats einen Betrag von 100 $ angelegt hätte. Der gesamte Kapitaleinsatz belief sich bis August 1998 auf 30 800 $, das Vermögen des Anlegers betrug zu dem Zeitpunkt jedoch knapp 130 000 Dollar. Wichtig hierbei: In dem genannten Zeitraum von Januar 1973 bis August 1998 gab es 33 Börsenmonate, in denen die Börse das Niveau des Vorjahresmonats um sage und schreibe 10% unterschritt. Wenn der Anleger in diesen schlechten Börsenzeiten mutig weiter gespart und seinen Einsatz in den 33 schlechten Börsenmonaten sogar auf 200 $ verdoppelt hätte, so hätte er 33-mal zusätzlich 100 $ gespart. Also 3 300 $. Das Endergebnis hätte sich um 22 400 $ verbessert.

Das Gewinnprinzip à la *Mike Young* ist klar: regelmäßig und langfristig in Aktien sparen und in Zeiten sinkender Börsenkurse verstärkt nachkaufen.

Warum **Blue-Chips**, warum **internationale Standardwerte** sich für Aktienanleger eignen, dafür möchte ich Ihnen für *Coca-Cola* eine einzige Zahl als Beispiel nennen:

Am 11. Oktober 1998, dem Tag der Erstausgabe der Zeitschrift „Euro am Sonntag“, wird gemeldet: „1 Milliarde Drinks werden täglich von Coca-Cola weltweit verkauft. Der legendäre Getränkekonzern macht heute 80% seiner Gewinne im Ausland.“

Aktien: langfristig unschlagbar

Bei aller Theorie sind Zahlen wichtig. Schließlich sprechen wir über Geld. Ich möchte Ihnen nun einige Zahlen nennen als Beweis dafür, dass Aktien auf lange Sicht unschlagbar in ihrer Wertentwicklung sind.

Die Vergangenheit hat eindeutig gezeigt: Aktien liegen beim Vergleich der jährlichen Wertentwicklung verschiedener Anlageformen unschlagbar an der Spitze. Welche Ergebnisse die Aktienanlage versus anderer Anlageformen brachte, untersuchte der Finanzexperte *Lothar Bimberg*,

ZEITRAUM: 1954 – 1988

Durchschnittlicher, jährlicher Wertzuwachs	
Aktien	11,9%
Bundesanleihen	6,9%
Tagesgeld	5,6%

Der Börsenexperte *Ralph Conen* untersuchte für verschiedene Anlagezeiträume, in wie viel Fällen die Aktienrendite größer als die Rendite war:

ZEITRAUM: 1876 – 1992

Halteperiode	Prozent aller Fälle, in denen die Aktienrendite größer als die Rentenrendite war
1 Jahr	58%
5 Jahre	73%
10 Jahre	77%
20 Jahre	83%
30 Jahre	100%

Was bedeuten diese Zahlen? Sie bedeuten, dass kurzfristig die Risiken bei einer Aktienanlage größer sind als langfristig. Über lange Anlagezeiträume hinweg ist die Aktienanlage nahezu unschlagbar. Weshalb sie sich bestens als sichere Altersvorsorge eignet.

Das bestätigen auch Untersuchungsergebnisse vom *Bundesverband der deutschen Investmentgesellschaften (BVI),* Frankfurt am Main: Der BVI hat nach eigenen Angaben alle Sparpläne über 35 Jahre Laufzeit untersucht. Ergebnis: 71% aller Sparpläne brachten den Anlegern ein Ergebnis zwischen 11% und 8%. Für die restlichen 29% lagen die Ergebnisse zwischen 7,2% und 8%.

Wichtig dabei: Die guten durchschnittlichen Gewinne bei Aktien sind sehr stark abhängig vom jeweiligen Ein- und Ausstiegszeitpunkt an der Börse. So kam es 1954, 1959 und 1985 laut *Bimberg* zu hohen Kurssteigerungen an der Börse. Diese guten Jahre haben maßgeblich dazu beigetragen, dass der durchschnittliche Wertzuwachs sehr hoch ausgefallen ist. Und: Von August 1960 bis März 1983 brachte die Aktienanlage keinen realen Wertzuwachs.

Doch der letzte Satz darf Sie nicht erschrecken! Aktien bleiben nach wie vor eine gewinnreiche Anlagealternative. Aber Aktien bieten eben keine Gewinn*garantie*. Wenn die Börse über einen langen Zeitraum hinweg hin und herdümpelt, leidet der Ertrag naturgemäß.

Weitere Zahlen aus *Conens* Untersuchungen zum Beweis: Es gibt zur Aktienanlage keine Anlagealternative! Sie müssen im Rahmen Ihrer privaten Vorsorge und im Rahmen Ihres privaten Vermögensaufbaus diese Anlageform mit einplanen.

Renditeübersicht (nominal)

Zeitraum	Aktien	Renten
1876 – 1992	12,03	5,28
1949 – 1992	16,59	6,16

Renditeübersicht (unter Berücksichtigung der Inflation)

Zeitraum	Aktien	Renten
1876 – 1992	10,31	3,72
1949 – 1992	13,61	3,26

Renditeübersicht (nach Inflation und Steuer)

Zeitraum	Aktien	Renten
1876 – 1992	8,22	0,96
1949 – 1992	12,08	-0,09

Wichtig zu kennen: die kurzfristigen Risiken

Im Folgenden geht es um die kurzfristigen Anlagerisiken in Zusammenhang mit Aktien. Dazu zunächst eine Tabelle:

Kurzfristige und langfristige Anlage im Vergleich

ENDERGEBNIS:

Durchschnittlicher Gewinn (ausgenommen die letzten beiden Jahre)	Anlagedauer in Jahren (Verlust in den letzten beiden Anlagejahren: jeweils 10% im Jahr, Anlagebetrag: 10 000 EUR)		
	3	5	30
8%	-4,36	0,40	6,70
10%	**-3,77**	1,52	**8,54**
12%	-3,19	2,62	10,38

So lesen Sie die Tabelle (beispielhaft demonstriert an den hervorgehobenen Zahlen): Sie möchten in Aktien sparen. Allerdings nur über einen Zeitraum von 3 Jahren, weil Sie danach das angesparte Vermögen zum Erwerb einer Immobilie einsetzen wollen. Im ersten Jahr erzielen Sie durchschnittlich 10% an jährlichem Wertzuwachs (Kurssteigerung), in den beiden letzten Jahren verlieren Ihre Aktien jedes Jahr 10% an Wert. Gesamtergebnis: minus 3,77% pro Jahr. Wenn Sie dagegen von Anfang an eine Spardauer von 30 Jahren einplanen, sieht das Ergebnis anders aus: Über 28 Jahre hinweg erzielen Sie 10% Kurssteigerung im Jahr; im 29. und 30. Jahr sinken die Börsenkurse und die Kurse Ihrer Aktien wieder um durchschnittlich 10% im Jahr. Nach 30 Jahren liegen Sie dann bei umgerechnet 8,54% pro Jahr. Das Fazit aus diesem Beispiel:

EXPERTENTIPP

Kurzfristiges Aktiensparen beinhaltet stets eine gute Portion „Zockerei“. Wenn Sie auf sichere Art Geld mit Aktien verdienen wollen, sollten Sie daher Laufzeiten von mehreren Jahren einplanen.

Kurzfristig spekulieren sollten Sie nur dann, wenn Sie wissen, auf was Sie sich einlassen. Denn natürlich bieten sich immer wieder Möglichkeiten, kurzfristig mit Aktien zu verdienen. Gute Gelegenheiten sollten Sie nicht auslassen. Voraussetzung ist jedoch, dass Sie über gute Informationen verfügen.

EXPERTENTIPP

Aktiensparen bedeutet langfristig sparen. Sinken die Börsenkurse zum Ende der von Ihnen geplanten Spardauer, sinkt schnell das Gesamtergebnis. Es kann dann unter Umständen und je nach Stärke der Kursrückgänge mehrere Jahre dauern, bis sich Ihre Aktiensparanlage sozusagen wieder erholt hat.

Was steigt, muss auch wieder fallen

Die Börse ist ein dynamisches, sich ständig veränderndes Umfeld. Wenn Sie sich entschlossen haben, dort mit dem Investment in Aktien Geld zu verdienen, so sollten Sie dabei systematisch vorgehen. Die Gewinnaussichten für einzelne Unternehmen, die Wirtschaft allgemein und die Rahmenbedingungen für einzelne Branchen ändern sich in manchen Zeiten blitzschnell. Ein Beispiel: In den USA war die Stahlbranche einmal der Wachstumssektor schlechthin. Doch zwischen 1982 und 1986 verloren acht große Stahlunternehmen mehr als 4 Milliarden $.

Insbesondere in Zeiten von „Kursübertreibungen“ siegt bei zahlreichen Aktiensparern die Unvernunft, die Euphorie. Doch seien Sie gewiss: Das ewige Auf und Ab bleibt bestehen. Eine der längsten Untersuchungen über **Aktienkurszyklen** gibt es zum Zeitraum zwischen 1871 und Ende 1986. Die zyklischen Abwärtsbewegungen betrugen durchschnittlich in 22 Perioden 29,7%. Dem gegenüber standen 23 Perioden steigender Aktienkurse mit einem durchschnittlichen Anstieg von 87,3%. Die stärkste Abwärtsbewegung gab es von 1929 bis 1932 mit minus 85%, die stärkste Aufwärtsbewegung 1921 bis 1929 mit plus 385%.

Das Fazit aus dem Gesagten: Wenn Sie mit Aktien verdienen wollen, müssen Sie mit diesen Auf- und Abwärtszyklen leben. Diese Zyklen sind mit einer der Gründe für *Kostolanys* Ausspruch: An der Börse verdientes Geld ist Schmerzensgeld. Aber Sie wissen ja nun schon: Aktien sind auf lange Sicht eine ertragreiche und nahezu unschlagbare Anlageform. Gegen aufkommende Panikgefühle hilft die oft zitierte Weisheit:

EXPERTENTIPP

Erfolg an der Börse hat auch, wer zu 49% verliert und zu 51% gewinnt. Von den 2% Differenz kann man – eine hohe Stückzahl vorausgesetzt – hervorragend leben.

Das Risiko wirtschafticher Rezessionen

Wie hoch sind Risiken dieser Art? Eine gute und eine wichtige Frage. Ich möchte Ihnen wie folgt antworten: Wussten Sie, dass die *Wall Street,* also die amerikanische Börse, seit dem Zweiten Weltkrieg insgesamt neun Rezessionen überstanden hat? **Rezession**, das bedeutet eine Zeit sinkender Unternehmensgewinne und schlechter, dauernder wirtschaftlicher Entwicklung. Das ist so, als sei Ihre Haushaltskasse völlig leer, ebenso Ihr Konto, und ein guter Job wäre auch nicht in Sicht.

Jedoch: Diese neun Rezessionen sind bei weitem noch nicht alles. In Amerika wurden einige Präsidenten erschossen, einer wurde angeschossen. Wieder ein anderer ist zurückgetreten.

An diesen Entwickungen wird sich niemals etwas ändern. Weder Sie noch ich noch sonstwer hat irgendeinen Einfluss auf derlei Krisen. Natürlich ist es sinnvoll, nicht gerade dann zu beginnen, Aktien zu kaufen, wenn die Rezession anfängt und auf absehbare Zeit die Gewinnentwicklung in der Wirtschaft, bei den Unternehmen auf der Strecke bleibt. Um hier keine vermeidbaren Fehler zu begehen, müssen Sie lernen, den Markt, die Börse selbst einschätzen zu können. Langfristig gilt: Die Geldanlage Aktie hat auch die oben genannten Krisen erfolgreich weggesteckt. Langfristig haben Anleger trotz Wirtschaftskrisen und sonstiger Ereignisse Geld mit Aktien verdient.

Von Zins und Zinseszins

Sparen ist die Fähigkeit, Geld so auszugeben,
dass es dir zunächst keine Freude bereitet.
Aber es lohnt sich!
B. Walter, amerikanischer Börsenexperte

Die Erfolgsregeln, die Ihnen dieses Kapitel vermittelt, sind mit die wichtigsten für eine ertragreiche Geldanlage. Bei alldem, was Sie bislang über die Aktienanlage gehört haben, stellt sich die Frage, warum Sie als Anleger das Risiko von Kursverlusten eingehen sollen. Schließlich, das wurde bereits beschrieben, gibt es bei der Aktienanlage keine Gewinngarantie, sondern Aktiensparen bedeutet spekulieren.

Im Kapitel „Aktien: langfristig unschlagbar" haben Sie erfahren, dass die Aktienanlage über lange Zeiträume in der Vergangenheit unschlagbar war. Aber hat Ihnen schon einmal jemand vorgerechnet, wie groß die Wirkung von **Zins** und **Zinseszins** ist? Wie wichtig es ist, wenn sich Ihr Geld mit einem höheren Zinssatz Jahr für Jahr vermehrt und selbst aus kleinen Sparbeträgen ein beträchtliches Vermögen wird?

Was versteht man unter „Zinseszins"?

Zinseszins ist der Zins, der aus bereits erhaltenen Zinszahlungen stammt. Auch hier ein Beispiel:

Kapitalanlage:	*10 000 EUR*
Zins pro Jahr:	*8% = 800 EUR*
Betrag nach 20 Jahren:	*46 610 EUR*

Die reinen Zinszahlungen in den 20 Jahren betragen lediglich 800 mal 20 = 16 000 EUR. Das ergibt zusammen mit dem Geldanlagebetrag von 10 000 EUR 26 000 EUR. Der Unterschied zu den 46 610 EUR Endergebnis nach 20 Jahren ist der Zinseszins. Also 20 610 EUR an Zinseszins. Nicht schlecht, oder?

Der **Zinseszinseffekt** ist auch der Grund dafür, wieso Sie so früh wie möglich in gewinnträchtige Anlagealternativen wie beispielsweise Aktien investieren sollten. Jedes Jahr, jeder Monat, jeder Tag zählt.

Selbst kleine Sparbeträge sind lohnend

Manch einer wird an dieser Stelle sagen: „Alles gut und schön, aber ich habe gar kein Geld zum Sparen." Der beste Ratschlag, den ich Ihnen geben kann, ist: Fangen Sie sofort an, erste kleine oder auch größere Beträge zurückzulegen. Auch kleine Beträge bringen, regelmäßig angelegt, über die Jahre ein kleines Vermögen.

Bodo Schäfer empfiehlt in seinem Bestseller „Der Weg zur finanziellen Freiheit", dass Sie sich zuerst selbst im Monat mit einem festen Betrag bezahlen sollen. Handelt es sich dabei um kleinere Beträge, dann eignen sich diese nicht für den direkten Aktienkauf. Kaufen Sie in diesem Fall **Aktienfondsanteile** (mehr hierzu ab Seite 96).

Um Ihnen zu zeigen, was 0,1 Prozentpunkte oder ½% über viele Jahre hinweg an zusätzlichem Vermögen bringen, eine kleine Tabelle:

KAPITALANLAGE 10 000 EUR

Anlagedauer in Jahren	Endbetrag in EUR bei 8% Verzinsung	Endbetrag in EUR bei 8,1% Verzinsung	Endbetrag in EUR bei 8,5% Verzinsung
5	14 693	14 761	15 037
10	21 589	21 790	22 610
20	46 610	47 480	51 120
40	217 245	225 483	261 330
60	1 012 571	1 070 389	1 335 932

KAPITALANLAGE: MONATLICH 1 000 EUR

Anlagedauer in Jahren	Endbetrag in EUR bei 8% Verzinsung	Endbetrag in EUR bei 8,1% Verzinsung	Endbetrag in EUR bei 8,5% Verzinsung
5	73 967	74 166	74 970
10	184 166	185 212	189 471
20	592 947	600 420	631 440
40	3 514 281	3 617 927	4 067 259
60	**17 907 118**	**18 782 892**	22 762 385

Hand aufs Herz. Hätten Sie das wirklich gedacht? Bei einer Sparrate von 1 000 EUR im Monat und 60 Jahren Anlagedauer haben Sie bei 8,1% rund 875 000 EUR mehr als bei 8%. Bei 8,5% zu 8% sind es bereits 4 Millionen EUR!

Und wie sieht es bei noch kleineren Anlagebeträgen aus? Wenn Sie nur, sagen wir, 50, 100 oder 150 EUR regelmäßig sparen können?

Anlagebetrag/ Anlagedauer in Jahren	Erzielte Rendite pro Jahr in EUR		
50 EUR	**9**	**10**	**12**
10	9 700	10 200	11 500
20	33 400	38 000	49 400
30	91 500	113 000	175 000
40	234 000	316 000	588 000
100 EUR	**9**	**10**	**12**
10	19 300	20 000	23 000
20	66 700	76 000	99 000
30	183 000	226 000	350 000
40	470 000	632 000	1 180 000
150 EUR	**9**	**10**	**12**
10	29 000	31 000	35 000
20	100 000	114 000	148 000
30	275 000	340 000	525 000
40	700 000	950 000	1 765 000

Sie finden, 50 Jahre seien als Spardauer utopisch und nicht erreichbar? Warum nicht? Wenn Sie als Jugendliche/r mit 15 Jahren zu sparen beginnen, haben Sie durchaus 50 Jahre Zeit. Und wenn Sie die Endbeträge anschauen, dann lohnt es sich doch, oder? Selbst wenn Sie das Vermögen kaufkraftbereinigt betrachten, also unter der Frage, was beispielsweise 1,7 Millionen EUR in 40 Jahren wert sein werden, bleibt einiges übrig. Bei einer unterstellten Geldentwertung von 3% verfügen Sie über eine Kaufkraft von real über einer halben Million.

Ein letztes Beispiel dafür, wieso Sie, nachdem Sie das Buch gelesen und sich mit den Vorgängen an der Börse vertraut gemacht haben, keinen Tag mehr zögern sollten, um mit dem Aktien- oder Aktienfondssparen anzufangen. Die folgende Modellrechnung zeigt, wie teuer es Sie kommt, wenn Sie nicht schon heute mit dem Sparen beginnen:

Michaela A. beginnt mit 18 Jahren zu sparen, Spardauer 40 Jahre, angenommene Verzinsung 10%, Sparrate 300 EUR/Monat (die sie von Eltern und Patentante bekommt).
Endergebnis: 1 913 000 EUR

Kurt F., ebenfalls 18 Jahre, möchte einen Monat später mit dem Sparen beginnen, Sparrate ebenfalls 300 EUR/Monat, der Sparplan soll zeitgleich mit dem von Michaela A. enden. Kurt F. spart also lediglich einen Monat weniger, spart also einmalig 300 EUR. Raten Sie einmal, welches Vermögen Kurt F. anspart?
Endergebnis: 1 897 000 EUR

Differenz: 16 000 EUR. Aus der ersten Monatsrate von 300 EUR, die Michaela A. mehr spart, werden über die Jahre hinweg durch den Zinseszinseffekt 16 000 EUR.

(Berechnungen © Bernd W. Klöckner, Wiedergabe nur bei vollständiger Angabe des vorliegenden Buches)

Das Fazit aus diesem Kapitel: Geld verdienen mit Aktien bedeutet ohnehin, langfristig zu sparen. Je länger Sie dabei sparen, umso höher ist die Chance, mit Aktien mehr zu verdienen als mit anderen Anlageformen, und gleichzeitig nutzen Sie umso stärker den Zinseszinseffekt. Jeder Prozentpunkt zählt! Nutzen Sie also jeden Tag!

Sich erst informieren, dann kaufen!

Das A und O jeder Geldanlage ist die Information. Sie müssen, bevor Sie Geld investieren, eine Weile das Börsengeschehen beobachten. Dabei hilft Ihnen dieses Kapitel.

Technische Analyse – das „EKG“ der Börse

Worum es dabei geht

Die **Technische Analyse** beobachtet die Aktien der Börse selbst. Der zeitliche Ablauf von Kursen und Umsätzen (Höhe der gehandelten Aktien) wird dabei wie bei einer Fieberkurve aufgezeichnet. Es handelt sich also um eine Art EKG der Börse. Die technischen Analysten argumentieren, dass der Kurswert von Aktien immer von dem wahren Wert, also dem Wert, der der Substanz des Unternehmens entspricht, abweicht. Weiter argumentieren die technischen Analysten, dass dies ein Dauerzustand an der Börse sei. Ein Beispiel aus dem besten Buch, das Sie über technische Aktienanalyse lesen können, „Technische Analyse von Aktientrends“ von *Robert D. Edwards* und *John Magee*:

Der **Kurswert** und der wahre Wert, der so genannte **Buchwert** auf der Grundlage der Bilanzen, betrug für die Vergangenheit:

	Kurswert	Buchwert
1929	261 $	204 $
1932	22 $	187 $
1937	126 $	151 $
1938	38 $	117 $
1946	97 $	142 $

Edwards und *Magee*, wie auch alle anderen technischen Analysten, gehen davon aus, dass außer fundamentalen Daten an der Börse hunderte Börsianer mit unterschiedlichen Hoffnungen, Befürchtungen, Vermutungen und Stimmungen kaufen und verkaufen. Ganz gleich, welche Faktoren zusammenkommen, egal, wer fürchtet oder hofft: Alle Argumente drücken sich letztlich nach Meinung der Techniker in einer Zahl, eben in dem jeweiligen **Aktienkurs** aus. Diese Zahl zählt für die technischen Analysten, sonst nichts.

Tatsache ist nun, dass sich die Börsenkurse in **Trends** bewegen. Es gibt deutlich erkennbare Trends, die sich so lange fortzusetzen scheinen, bis sich etwas Wesentliches bei Angebot oder Nachfrage ändert. Diese Trends bilden häufig **Formationen** und **Muster** heraus, die sich tatsächlich wiederholen. Technische Analysten gehen also ausschließlich nach solchen Trends und Kursmustern, ganz gleich, um welche Aktie es sich handelt und welche fundamentalen Daten vorliegen.

Im Folgenden möchte ich Sie in die Welt der **Charts**, der „Fieberkurve" von Aktienkursen, einweisen. Auch wenn an der rein technischen Analyse immer wieder Kritik geübt wird: Unbestreitbar bleibt, dass manche Kursentwicklung, dass so mancher Chartverlauf klare Kauf- oder Verkaufssignale geben kann. Und schließlich kann es ja nichts schaden, wenn Sie neben fundamentalen Daten auch die Aussichten einer Aktie am Chart ablesen können. Allen, die sich tiefer in die Materie einarbeiten wollen, sei das oben genannte Buch von *Robert D. Edwards* und *John Magee* empfohlen. Das Buch gibt es neuerdings auch beim FinanzBuch Verlag unter dem Titel „Mit Charts zum Erfolg" von *John Magee* als alleinigem Autor.

Grundlagen

Bevor Sie einzelne Chartformationen kennen lernen Folgendes: Die bloße Kenntnis einzelner Formationen führt Sie nicht unweigerlich zum Anlageerfolg bei der Spekulation mit Aktien. Für Sie ist es wichtig, dass Sie die Chartanalyse einordnen können, in den Grundzügen verstehen lernen und künftig eigene Schlussfolgerungen für Ihre eigene Spekulation ziehen können. Wichtig ist, dass Sie neben fundamentalen Faktoren die technischen Indikatoren vergleichen können und zu sicheren Entscheidungen gelangen. Denn trotz aller heftigen Kritik, die an der Charttechnik immer wieder geübt wird, gelten folgende drei Grundsätze, die auch *Magee* immer wieder in seinen Veröffentlichungen betont:

1. Grundsatz

Aktienkurse bewegen sich in **Trends**.

2. Grundsatz

Der **Umsatz** folgt dem Trend. Es gilt: Steigen die Kurse, steigen die Umsätze. Fallen die Kurse, fallen auch die Umsätze. Tatsache ist: Bei geringen Umsätzen sind besonders häufig Kurshochs oder Kurstiefs zu beobachten. Technische Analysten, Chartisten also, gehen dann davon aus, dass der Verkaufsdruck nachlässt und sich ein neuer Trend herausbildet.

3. Grundsatz

Hat sich ein Trend einmal gefestigt, neigt er dazu, sich auch fortzusetzen. Handelt es sich um einen Aufwärtstrend, dann gilt dieser Trend so lange als intakt, so lange jedes neue Kurshoch das alte Kurshoch übertrifft und so lange jede neue Phase schwächerer Kurse zumindest höher liegt, als die letzte Schwächephase.

Letzteres ist der Grund dafür, warum einigen so genannten **Trendumkehrformationen**, auf die wir noch zu sprechen kommen, große Bedeutung beigemessen wird. Von *Magee*, der immerhin als einer der unbestritten führenden Experten auf dem Gebiet der technischen Analyse gilt, stammt auch der Ratschlag, lieber *mit* dem Trend zu gehen. Sie werden sich vielleicht an den Rat an anderer Stelle dieses Buches erinnern: eben nicht zu versuchen, eigene Methoden und Strategien zu entwickeln, sondern lieber den Gesetzmäßigkeiten der Börse zu folgen.

Chartformationen im Überblick

Im Folgenden zur Einführung einige Beispiele für **Chartformationen** sowie deren grundlegende Bedeutung. Bitte beachten Sie: Es ist nicht möglich, Sie hier zum Charttechniker auszubilden.

Untertassen-Formation

Diese Chartformation gibt einen gleichmäßig fortschreitenden Trend wieder. Dieser Trend führt entweder langsam über einen Höchstkurs nach unten oder langsam dreht ein Abwärtstrend in einen Aufwärtstrend. Aus diesem Grund heißt diese Formation auch **Untertassen-Formation**, englisch „saucer". Eine andere Bezeichnung für dieselbe Sache: **Suppenschüssel**, englisch „bowl".

Diese Chartformation läuft häufig über mehrere Monate. Ein wichtiges Kriterium ist neben der reinen Kursentwicklung die Umsatzbetrachtung. Ein Chart ohne Umsatzbetrachtung lässt nur selten den richtigen Schluss zu. Im Falle der Untertassen-Formation steigen die Umsätze in der zweiten Kurvenhälfte.

Rounding Bottom/Untertasse

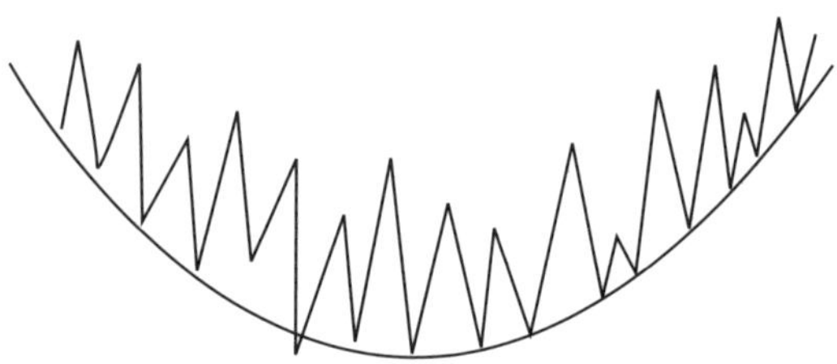

Wenn Sie die Kurse mit einer Linie verbinden und diese Linie quasi eine Untertasse zeigt, ist das ein Zeichen für steigende Kurse.

Rounding Top/Umgedrehte Untertasse

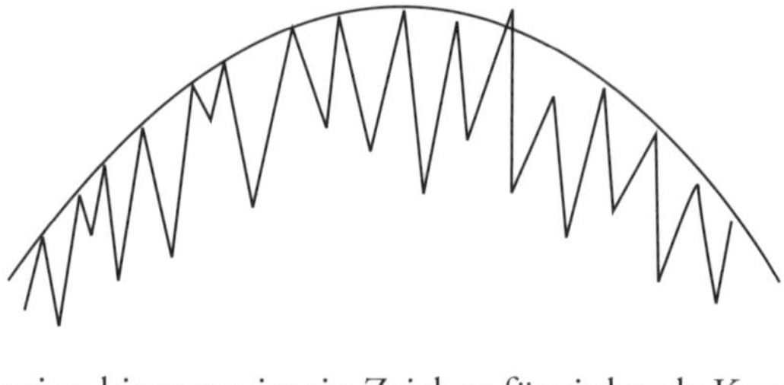

Diese Formation hingegen ist ein Zeichen für sinkende Kurse

Dreiecksformationen

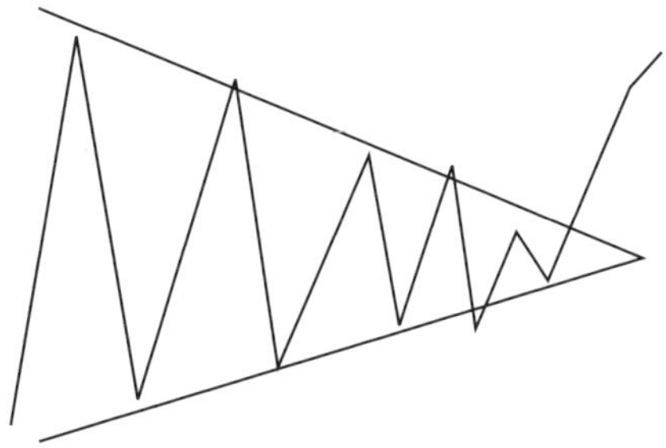

„Symmetrisches" Dreieck: Ausbruch aus dem Dreieck nach oben: Zeichen für Kursanstieg

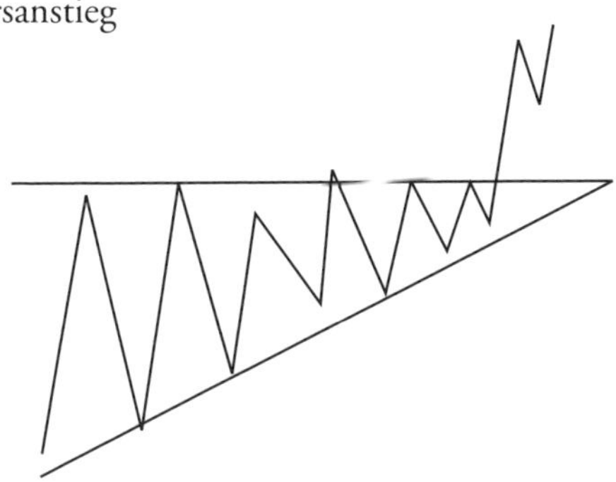

Aufsteigendes Dreieck: Bei Ausdruck aus dem Dreieck nach oben durch die waagerechte Trendlinie: Zeichen für steigende Kurse.

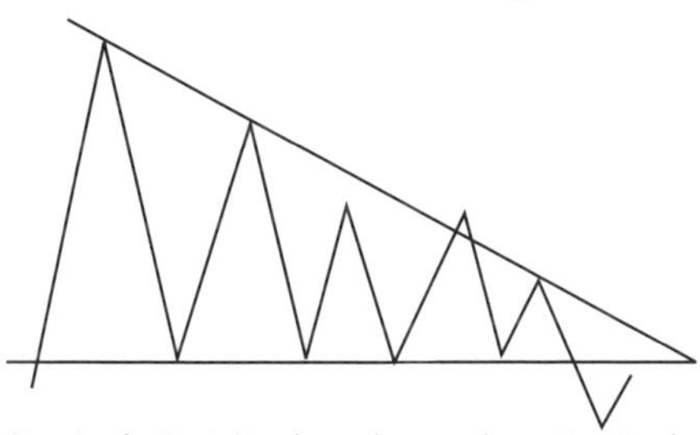

Absteigendes Dreieck: Bei Ausbruch aus dem Dreieck nach unten durch die waagerechte Trendlinie: Zeichen für sinkende Kurse

Die „Psychologie“ hinter solchen Dreiecksformationen: Die waagerechte Trendlinie gilt als so genannte **Unterstützungslinie.** Das Durchbrechen dieser kritischen Linie wird als positives Signal beim aufsteigenden Dreieck und als negatives Signal beim absteigenden Dreieck gewertet. Auch die Anleger, die sich zuvor nicht an der Charttechnik orientiert haben, verlieren ihr Vertrauen oder gewinnen Vertrauen in die jeweilige Aktie und beschleunigen so die jeweilige Kursentwicklung.

W-Formation

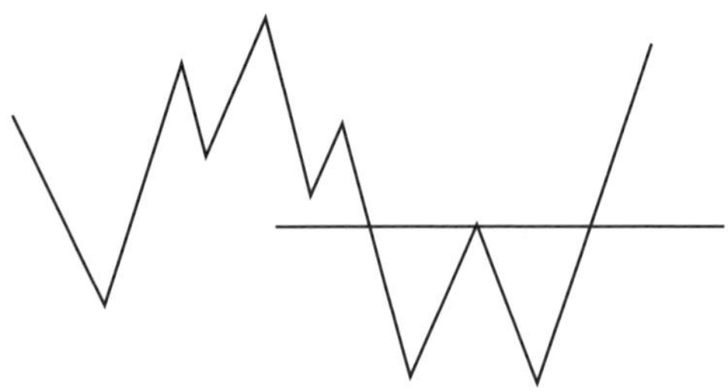

Bei Ausbruch aus der W-Formation: Zeichen für Kursanstieg

M-Formation

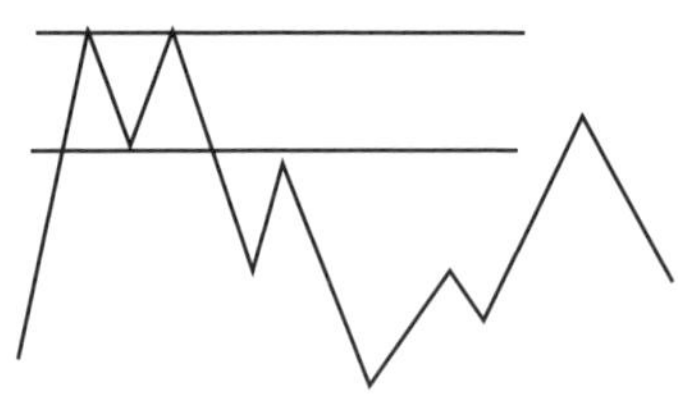

Bei Ausbruch aus der M-Formation: Zeichen für sinkende Kurse

Rechtecke (Rectangles)

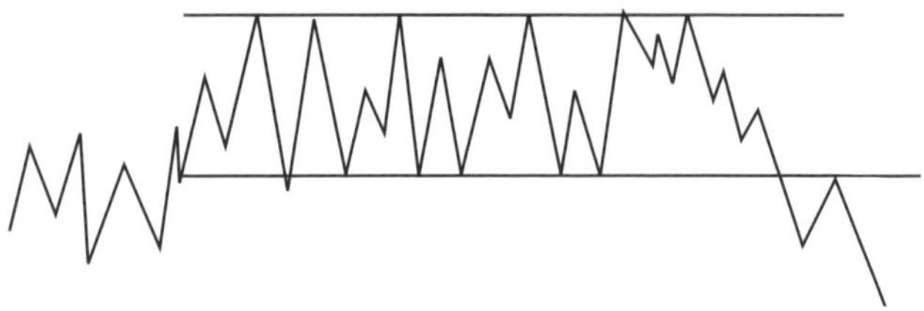

Solche Rechtecksformationen werden von Charttechnikern als sehr zuverlässig angesehen. Falsche Bewegungen im Sinne von falschen Schlussfolgerungen sind seltener als bei Dreiecken. Wird eine der Trendlinien durchbrochen und steigen die Umsätze an, so ist es nahezu ein untrügliches Zeichen für steigende Kurse, wenn die obere Trendlinie durchbrochen wurde, und für sinkende Kurse, wenn die untere Trendlinie durchbrochen wurde.

Was Sie beachten sollten

Charts sind keine vollkommenen Instrumente, mit denen Sie unfehlbar an der Börse spekulieren und fortdauernd Gewinne erzielen können. Tatsache jedoch ist, dass die Kursentwicklung in Zusammenhang mit der Umsatzentwicklung das tatsächliche Kräfteverhältnis am Börsenmarkt zwischen Angebot und Nachfrage widerspiegelt. Alle Faktoren, mehr als je ein Mensch selbst zu verarbeiten mag, sind im Kursverlauf enthalten.

Sie wissen bereits, dass es nicht zu empfehlen ist, gegen den Trend zu handeln. Das bedeutet: Auch dann, wenn Sie mit der Charttechnik nicht viel anfangen können, bringt Ihnen manchmal ein Chart die wichtige Antwort auf die Frage, ob ein Aufwärts- oder ein Abwärtstrend noch intakt ist. Natürlich müssen Sie erst eine Weile abwarten, bis sich ein Trend herausgebildet hat. Ein Chart hat tatsächlich den Nachteil, dass er stets nur die Vergangenheit und die aktuelle Gegenwart wiedergibt. Nicht mehr und nicht weniger. Wenn Sie also mit Ihrem Geld auf die Zukunft von Unternehmen setzen, so kann ein Chart naturgemäß nicht beantworten, wie diese Zukunft aussehen wird.

EXPERTENTIPP

Der Verlag *Hoppenstedt* (Tel.: 06151/380436) bietet hervorragende Charthefte an, die wöchentlich erscheinen. Sie finden in diesen Heften Charts zu deutschen, US-amerikanischen, europäischen und anderen Aktienwerten. Es macht durchaus Spaß einmal selbst mit Stift und Lineal Kursformationen und Trends in einen Chart einzuzeichnen.

Fundamentale Analyse

Bilanz: Immer weiter verfeinerte Methode,
in aufwendiger Form möglichst wenig über
ein Unternehmen auszusagen.
Aus: Bank & Börse, Tomus

Muss ich mich wirklich mit der **fundamentalen Aktienanalyse** beschäftigen?, werden Sie vielleicht fragen. Ja! Es gibt nur diese eine Antwort. Das Ganze ist vergleichbar mit dem Erwerb eines Hauses als Geldanlage. Was werden Sie als Erstes tun? Zunächst wird es darum gehen zu prüfen, ob das Haus im sprichwörtlichen Sinne auf festem Fundament gebaut ist und nicht auf Sand steht. Die gleiche Sorgfalt, mit der Sie eine Immobilie kaufen würden, ist beim Kauf von Aktien angebracht. Ein Unternehmen, das fundamental gute Daten aufweist, ist wie eine Immobilie, die sicher gebaut ist und in guter Lage steht. Solche Vermögenswerte sind immer ihr Geld wert.

Also atmen Sie tief durch und steigen Sie mit mir ein in die möglicherweise für Sie bis heute unbekannte Welt der fundamentalen Aktienanalyse. Auch hier gilt: Sie erfahren einige grundlegende Dinge; eine abschließende Ausbildung zum fundamentalen Analysten dürfen Sie nicht erwarten.

Das Kurs-Gewinn-Verhältnis (KGV)

Das **Kurs-Gewinn-Verhältnis** (im Folgenden auch abgekürzt: KGV) ist eine weit verbreitete Methode zur Beurteilung des angemessenen Aktienkurses. Denn ob eine Aktie preislich billig oder teuer ist, sagt nicht das Geringste über den tatsächlichen Wert aus. Das Kurs-Gewinn-Verhältnis umschreibt einfach, wie oft der Kurs den anteiligen Jahresgewinn der jeweiligen Aktiengesellschaft wiedergibt.
Hierzu ein einfaches Beispiel:
Angenommen, es gäbe nur eine einzige Aktie eines Unternehmens ABC Aktiengesellschaft. Der Gewinn der ABC AG beläuft sich im laufenden

eigentlichen und im folgenden Geschäftsjahr auf geschätzte 1 000 EUR. Die Aktie soll 12 000 EUR kosten. Dann läge das KGV bei zwölf. Mit anderen Worten: Der Anleger müsste, wenn er die Aktie erwirbt, das Zwölffache des Jahresgewinns bezahlen.

Achtung: Branchenvergleich ist wichtig!

Das Wievielfache des Jahresgewinns nun günstig oder ungünstig ist, hängt von der Branche ab. Handelt es sich um Unternehmen aus Branchen mit starken Zuwachsraten, so ist ein höheres Kurs-Gewinn-Verhältnis angemessen als bei Unternehmen mit weniger positiven Zukunftsaussichten.

Wollen Sie sich als Aktionär an der Trickfilm-Firma EM-TV *beteiligen, zahlen Sie dreistellige KGVs Mitte April 1998. Für* Daimler Benz *kämen Sie mit dem 25fachen Jahresgewinn pro Aktie weg, für Bayer hätten Sie lediglich das knapp 17fache bezahlen müssen.*

Ein Blick in die Vergangenheit ist dabei ganz interessant. Standardtitel des deutschen Aktienindex DAX kosteten 1988 um das 12fache des Jahresgewinns, 1998 lagen sie bei rund dem 23fachen. Ende 1993 lag das KGV für diese Standardtitel sogar bei knapp dem 25fachen.

Wenn Sie eine Aktie näher auswerten wollen, müssen Sie stets das KGV im Branchenvergleich betrachten. *Bayer* mit *EM-TV* zu vergleichen bringt nicht das Geringste; wenn schon, dann müssen Sie das dreistellige KGV von *EM-TV* mit verschiedenen anderen Filmgesellschaften vergleichen.

Im Folgenden einige Chemiewerte und der Vergleich des jeweiligen KGV (Stand 16.1.98):

Bayer	14,9	*Hoechst*	16,3
Degussa	18,4	*Schering*	20,5
BASF	13,8	*Henkel VA*	21,0

(Quelle: Der Geldanlageberater, A 34/014)

Was lässt sich aus diesen Angaben schließen? *BASF* wäre gemessen am KGV ein billiges Investment. Doch Vorsicht: Es ist auch die andere Interpretation möglich. Nämlich dass *BASF* schlechte Zukunftsaussichten hat. Auch ein noch so niedriges KGV macht dann aus einer schlechten Aktie keine gute. Hinzu kommt: Wenn Sie nun als künftiger Aktionär regelmäßig Wirtschaftszeitungen lesen, werden Sie schnell feststellen, dass Gewinnschätzungen häufig nach oben oder unten revidiert werden. Auch dann ändert sich schnell das KGV. Hinzu kommt, dass es keine Möglichkeit gibt, die Qualität des künftigen Managements zu bewerten. Dessen Qualität hat jedoch wesentlichen Einfluss auf den Gewinn.

EXPERTENTIPP

Allein auf das KGV zu vertrauen ist als sichere Analyse zu wenig. Das KGV bietet Ihnen interessante Anhaltspunkte, wenn Sie Unternehmen einer Branche vergleichen. Wählen Sie jedoch niemals Aktien nur nach dieser Kennzahl aus. Das KGV ist keine verlässliche Kennzahl dafür, ob eine Aktie teuer oder billig ist.

Das Kurs-Cashflow-Verhältnis (KCV)

Wollen Sie nun internationale Aktien vergleichen, dann wird es schwierig, Erfolg versprechende Aktien allein nach dem Kurs-Gewinn-Verhältnis auszuwählen. Die Begründung liegt auf der Hand: International werden die Gewinnermittlungen anders berechnet. Es gibt zwar hier Bestrebungen, diese Gewinnermittlung anzupassen, aber dies ist noch nicht in ausreichendem Maß gelungen. Hilfreicher ist hier der **Cashflow.**

Der Cashflow ist von sehr großer Bedeutung. Man versteht darunter alles, was an Geld im Laufe eines Jahres in ein Unternehmen fließt und frei verfügbar ist.

EXPERTENTIPP

Der Cashflow ist also die Zahl, mit der sich eine Aussage zu den frei verfügbaren Mitteln eines Unternehmens treffen lässt. Je höher der Cashflow, desto größer ist die Möglichkeit, aus eigenen Mitteln weiteres Wachstum zu finanzieren oder Kredite, zu tilgen.

Für Sie ist es in erster Linie wichtig zu wissen, dass Sie nach dieser Kennzahl des KCV, also des Kurs-Cashflow-Verhältnisses, fragen sollten. Ihr Bankberater wird Ihnen diese Kennzahl nennen. Weniger wichtig ist es, genau zu wissen, wie der Cashflow berechnet wird.

Der Vorteil der KCV-Methode liegt darin, dass – unabhängig von der unternehmensspezifischen Abschreibungsmethode – ein Vergleich der Unternehmen bzw. der Liquiditätskraft möglich ist.

EXPERTENTIPP

Wie auch beim Kurs-Gewinn-Verhältnis gilt: Je niedriger das Kurs-Cashflow-Verhältnis, umso besser für Sie als Aktienkäufer.

Grundsätzlich gilt als Pi-mal-Daumen-Formel: Personalintensive Unternehmen haben in der Regel weniger Abschreibungen als kapitalintensive Unternehmen. Typische personalintensive Unternehmen sind Banken und Versicherungen. Begründung: In diesen Unternehmen überwiegt die Lohnzahlung. Große Produktionsanlagen sind nicht nötig. Unternehmen für Chemiebranche dagegen sind stark kapitalintensiv, hier sind die Produktionsanlagen die Voraussetzung für dauerhaften Erfolg.

Doch auch hohe Abschreibungen und damit einhergehend ein niedriges KCV können ein gutes Zeichen für die künftige Unternehmensentwicklung sein:

Ein Unternehmen investiert große Summen in das künftige Wachstum. Es werden in großem Umfang Produktionsanlagen gekauft, um sich auch künftig die Marktführung zu sichern. Die Abschreibungen auf diese Produktionsanlagen werden bei der **Cashflow**-Berechnung hinzu addiert. Ergebnis: Der **Cashflow** steigt, das KCV sinkt und wird günstiger.

In der Vergangenheit ist der Kurs von Aktien mit einem günstigen KCV in der Folgezeit oft gut gestiegen. Bei Ihrer Fundamentalanalyse sollten Sie also diese Kennzahl berücksichtigen. Nachteil: Wie beim KGV stellt sich das Problem, dass Sie sich aktuelle Daten als Grundlage der Berechnung beschaffen müssen.

Das Kurs-Buchwert-Verhältnis (KBV)

Sowohl das Kurs-Gewinn-Verhältnis (KGV) als auch das Kurs-Cashflow-Verhältnis (KCV) orientieren sich am Ertrag eines Unternehmens. Hinzu kommt nun das **Kurs-Buchwert-Verhältnis** (KBV). Der **Buchwert** trifft die Aussage, was ein Unternehmer in der Substanz in Wirklichkeit wert ist.

Warum ist dieser Buchwert so wichtig? In Zeiten, wo das Unternehmen keinen Ertrag erwirtschaftet und möglicherweise Verluste schreibt, entscheidet die Substanz des Unternehmens darüber, ob solche Zeiten gut überstanden werden.

Dividiert man den gesamten Aktienwert durch den Buchwert, so ergibt sich die Kennzahl des Kurs-Buchwert-Verhältnisses. Für Sie als Anleger zeigt diese Kennzahl, wie hoch die Börse und damit letztlich die Aktionäre das Eigenkapital des jeweiligen Unternehmens bewerten.

EXPERTENTIPP

Je niedriger auch das Kurs-Buchwert-Verhältnis ist, desto günstiger für Sie. Ein günstiges KBV bedeutet: An diesem Unternehmen können Sie sich über Aktien vorteilhaft beteiligen.

Doch Vorsicht! Handelt es sich um Aktiengesellschaften, die ein günstiges KBV haben, aber andauernd Verluste produzieren, dann hilft das KBV als einzige Kennzahl nicht. Denn letztlich, das wissen Sie ja, kommt es auf die Zukunftschancen an. Stimmen diese nicht und würden weiterhin Verluste produziert, so wird der Kauf von Aktien eines Verlust bringenden Unternehmens schnell zum Flop.

Andere fundamentale Einflussfaktoren

Liquidität

Der bereits zitierte *Kostolany* sagt: „Geld ist der Sauerstoff der Börse.“ Sie erinnern sich an das Gesetz, dass der Kurswert einer Aktie von Angebot und Nachfrage abhängt. Die Nachfrage wiederum hängt davon ab, ob es viel oder wenig Geld gibt. Also viele oder wenig potenzielle Aktienkäufer, die Geld in Aktien investieren wollen.

EXPERTENTIPP

Anlageregel:
Viel Geld vorhanden = steigende Kurse
Wenig Geld vorhanden = sinkende Kurse

Im Klartext: Sie müssen einschätzen lernen, ob die Gesamtheit der in- und ausländischen Spekulierwilligen derzeit liquide sind, also ihr Geld in Aktien anlegen wollen/werden.

Steigende Zinsen

Die Wirkung **steigender Zinsen** ist für jeden Privathaushalt nachvollziehbar. Steigen die Zinsen, so werden Kredite teurer. Ihre Hausfinanzierung, die Finanzierung eines teuren Autos oder sonstige Kreditfinanzierungen werden Sie zurückstellen. Sie werden stattdessen sparen. Sparen ist nichts anderes als Konsumverzicht, und wenn viele Millionen Menschen nur auf einen geringen Teil des Konsums verzichten, wird das unternehmerische Wachstum gebremst. Denn: Weniger Nachfrage bedeutet, dass weniger Angebot nötig ist. Je weniger die Unternehmen erwirtschaften, umso schlechter werden die Zukunftsaussichten.

Sinkende Zinsen

Das Gegenteil vom oben Gesagten tritt bei **sinkenden Zinsen** ein. Sinken die Zinsen, wird Geld billig. Wird Geld billig, so geben Sie Ihr Geld leichter aus und leisten sich auch mal etwas auf Kredit, das Sie sich sonst nie leisten könnten. Auch eine Immobilienfinanzierung ist vielleicht möglich. Was auch immer Sie tun: Günstige Zinsen bedeutet, dass weniger gespart wird. Weniger sparen bedeutet, dass mehr konsumiert wird. Und mit jedem gekauften Produkt kurbeln so in Zeiten sinkender Zinsen Millionen von Bürgern die Nachfrage an. Die Unternehmensaussichten sind demzufolge natürlich bestens, die künftigen Gewinne werden steigen.

Weitere Beurteilungskriterien für den Kauf

Veränderung der Aktie/Veränderung zum Branchentrend

Bereits an anderer Stelle haben Sie gelesen, dass die Zuordnung einer Aktie zur Branche, beispielsweise der Vergleich des KGV mit dem Branchen-KGV, wichtig ist. Erkundigen Sie sich, wie sich die Aktie eines bestimmten Unternehmens im Vergleich zu Aktien von anderen Unternehmen derselben Branche entwickelt.

Volatilität

Die **Volatilität** wird in Prozent angegeben. Sie ist das Maß für das Risiko einer Aktie. Gemessen wird die relative Schwankungsbreite der Aktie im Vergleich zur durchschnittlichen Kursänderung der Aktie innerhalb eines Zeitraums von 100 Tagen. In „Börse Online" und in anderen Publikationen finden Sie hierzu die notwendigen Angaben.

Expertentipp

Je höher die Volatilität, desto stärker schwankt der Kurs, je niedriger, desto geringer schwankt der Kurs.

Wochenumsatz in Stück

Diese Zahl ist wichtig für die Entscheidung, ob Sie einen Kaufauftrag limitieren sollten oder nicht. Bei geringen Umsätzen müssen Sie in jedem Fall Kauf- oder Verkaufsaufträge limitieren. Je geringer der Umsatz, desto enger setzen Sie ein Limit.

Dividende und Ergebnis der Aktie

„Börse Online" beispielsweise nennt die Zahlen für die vier vergangenen Jahre, die Schätzung für das aktuelle und für das kommende Jahr. Dies zeigt, wie kontinuierlich sich ein Unternehmen entwickelt.

Dividendenrendite

Die **Dividendenrendite** ist eine oft genutzte Kennzahl. Allerdings: Die meisten kaufen Aktien wegen möglicher Kursgewinne, nicht wegen der

Höhe der jährlichen Ausschüttung. Auf der anderen Seite stellt die Dividende pro Aktie eine gewisse Mindestverzinsung für die Aktionäre dar. Die Dividendenrendite wird errechnet, indem die geschätzte Dividende pro Aktie durch den aktuellen Börsenkurs dividiert und mit 100 multipliziert wird:

$$\text{Dividendenrendite} = \frac{\text{Ausschüttung (Dividende)}}{\text{aktuellen Kurswert}} \times 100$$

Innerer Wert

Bei der Ermittlung des **inneren Wertes** zählen nur Tatsachen, also: Dividende, Gewinnsituation, Vermögen des Unternehmens. Hinzu kommen die Beurteilung der Zukunftsaussichten und letztlich die Beurteilung der Managementqualitäten der Unternehmensführer.

Lage der Gesamtwirtschaft

Hier sollten folgende Punkte beobachtet werden:

- Wachstumsrate des Bruttosozialproduktes
- Entwicklung der Unternehmensgewinne
- Wirtschaftliche Rahmenbedingungen (z.B. unternehmerfreundliche Politik?)
- Entwicklung der Inflationsrate
- Liquidität von Privathaushalten und Unternehmen
- Kapitalbedarf von Privathaushalten, Unternehmen, Staat

Mögliche Crash-Warnsignale

Es folgen einige Faktoren, die grundsätzllich für eine getrübte Börsenstimmung sprechen. Doch Vorsicht! Keiner dieser Punkte bedeutet eine garantierte Reaktion an der Börse. Letztlich kommen immer wieder Sonderfaktoren hinzu. Dennoch sollten Sie einige grundlegende Crash-Faktoren kennen.

1. Steigende Zinsen

Bereits an anderer Stelle wurde besprochen, dass steigende Zinsen für weniger Nachfrage und damit geringeres Unternehmenswachstum sorgen.

2. Sonderfaktoren in der Weltwirtschaft

Ein gutes Beispiel waren die Asien- und die Russlandkrise im Spätsommer 1998. Eigentlich lief es ganz passabel an der Börse, die Zinsen befanden sich auf einem historischen Tiefststand. Die Weltwirtschaft machte hier jedoch einen Strich durch die Rechnung.

3. Hohe Bewertung der Aktien

Sie erinnern sich an das KGV und das KCV. Je höher solche Bewertungszahlen steigen, desto weiter entfernen sich die Börsenkurse von fundamentalen Daten.

4. Große Differenz zwischen DAX und Durchschnittslinien

Um langfristige Trends zu erkennen, werden für einzelne Aktienverläufe wie für Indizes so genannte **Durchschnittswerte** und, darauf aufbauend, **Durchschnittslinien** gebildet. Ziel: Zufallsschwankungen, kurze extreme Hochs oder Tiefs sollen ausgeschaltet werden. Beispiel: Am aktuellen Börsentag werden also die Kurse der letzten 200 Tage addiert und durch 200 geteilt. Am nächsten Tag wird der neue 200-Tage-Durchschnitt ermittelt. Verbindet man die einzelnen Werte, so erhält man den **gleitenden Durchschnitt** für 200 Tage. Es gibt auch Durchschnittskurven für weniger oder für mehr Tage.

Wenn Sie sich für eine Aktie interessieren, kann Ihnen ein guter Bankberater oder Finanzberater einen Chart mit solchen Durchschnittslinien ausdrucken. Liegt der aktuelle Kurs weit über dem 200-Tage-Durchschnitt, ist Vorsicht angebracht. Kaufen Sie jetzt, dann steigen Sie auf hohem Niveau ein. Liegt der aktuelle Kurs dagegen weit unter dem 200-Tage-Durchschnitt, das Unternehmen arbeitet jedoch ansonsten erfolgreich, kann es sich um eine günstige Kaufchance handeln. Gleiches gilt für die Indexentwicklung: Liegt der Kurs des DAX (Deutscher Aktienindex) weit über der 200-Tage-Durchschnittslinie, heißt es z.B. aufpassen.

5. Sinkende Gewinnprognosen

Wie bereits beim KGV betont, kann sich bei den Gewinnprognosen schnell etwas ändern. Die Folge: Alle auf dem Gewinn basierenden Hochrechnungen werden zur Makulatur.

Wenn Sie diese Crash-Signale betrachten, sehen Sie wieder bestätigt, dass die sorgfältige Beobachtung und Beschäftigung mit dem Geschehen an der Börse die wichtigste Voraussetzung ist, um wirklich dauerhaft mit Aktien gewinnen zu können. Im Herbst 1998 ballten sich die Risiken zusammen: die Sonderfaktoren der Weltwirtschaft, die stark gestiegenen Kurse, die weite Entfernung vom gleitenden Durchschnitt. All das waren für diejenigen, die sorgfältig beobachteten, neben weiteren Faktoren deutliche Warnsignale.

EXPERTENTIPP

Am besten ist, Charttechnik und fundamentale Faktoren sprechen ein und dieselbe Sprache. Ist dem nicht so – sprechen beispielsweise die fundamentalen Daten für einen Kauf, während der Chart einen klaren Abwärtstrend signalisiert –, dann sollten Sie vor einem Kauf noch einmal gründlich recherchieren oder verschiedene Experten nach deren Einschätzung fragen. Hier treffen Sie also wieder auf den Grundsatz nicht unbedingt gegen den Trend zu handeln.

Checkliste: Aktienkauf

Mithilfe der folgenden Checkliste sollten Sie sich selbst vor einem Aktienkauf prüfen, ob Sie Ihre Hausaufgaben gemacht haben.

	Ja	Nein
Besitze ich Informationen über die Marktstellung der Unternehmen?	☐	☐
Verfüge ich über Informationen zur Zukunftsstrategie der Unternehmen?	☐	☐
Habe ich Informationen über das Management?	☐	☐
Besitze ich Informationen über die Qualität der Unternehmen und der von den Unternehmen hergestellten Produkte?	☐	☐

Ein wenig Börsenpsychologie

Ja, ja, die Börsenpsychologie ... Eigentlich so leicht zu beherschen, doch wenn man selbst im Spiel um Börsengewinne mitmischen will, ist es klug, sich über die Fehler anderer zu informieren und aus ihnen zu lernen.

Als Einstieg ein Auszug aus dem „Spiegel", Heft 42/1998. Sozusagen ein Rückblick auf den Kurseinbruch im Herbst 1998. Auf Seite 116 wird über die Entwicklung an den Börsen im Sommer und Herbst 1998 berichtet: „Es begann ein bizarrer Börsenaufschwung. Obwohl ein Viertel der Welt gen Abgrund rutschte, trieben Anleger die Kurse in Europa und Amerika bis zum Sommer geradezu rauschhaft auf nie gekannte Rekordmarken (...) Doch nur wenige wollten glauben, dass sich die letzte Stunde einer großen Party ihrem Ende näherte."

Ganz lehrreich in der oben genannten „Spiegel"-Ausgabe sind, einige Zeilen weiter, auch die Ausführungen über den Grund für das steigende KGV verschiedener Aktien: „Die traditionellen Berechnungsmethoden, so hieß es plötzlich, seien nicht mehr gültig. Das Kurs-Gewinn-Verhältnis einer Aktie, früher ein Maßstab für jeden Anleger, spiegele die neuen Chancen der Konzerne in einer globalisierten Welt nicht mehr wider. Wer so rechne, sei oldfashioned."

Was Sie diesen Zitaten entnehmen können: Haben die Börsenkurse bestimmte Höhen erreicht, so finden alle Börsenteilnehmer die bestmöglichen Begründungen, wieso erstmals alle bislang gültigen Gesetze vom Anstieg all der Börsenkurse außer Kraft gesetzt sein sollen. Die Masse der Anleger beginnt sich, selbst zu belügen.

Für Sie ist wichtig zu wissen: Die Börse ist eben zu einem großen Teil Psychologie! Die Analysten irren öfter, als sie Recht haben, und wenn die Kurssteigerungen alle Grenzen durchbrechen, werden Kritiker als altmodisch hingestellt. Die Profis und alle anderen Marktteilnehmer erfinden Argumente um sich selbst quasi glücklich zu reden.

Interessant ist in diesem Zusammenhang auch ein Zitat aus einer Ausgabe des US-Magazins „Forbes" vom Juli 1929, vier Monate vor dem größten Crash des Jahrhunderts: „In den letzten fünf Jahren sind wir in eine neue industrielle Ära eingetreten. Unsere Industrie macht Fortschritte nicht in kleinen Sprüngen, sondern in heroischen Schritten."

Auch damals, so heißt es in oben genannter „Spiegel"-Ausgabe, erklärten die Gurus der *Wall Street* die konservativen Regeln der Aktienbewertung für ungültig. Notiere eine Aktie jenseits aller bisherigen Maßstäbe auf ständig neuesten Höchstkursen, so war nicht der Börsenkurs zu hoch, sondern es lag am Maßstab. Der nämlich, wurde behauptet, sei veraltet. Auch hier: Die Masse begann zu irren und redete sich selbst glücklich.

EXPERTENTIPP

Wenn Börsengurus und Analysten beginnen zu behaupten, alle alten Maßstäbe zur Bewertung der Aktienkurse seien nicht mehr gültig und es wäre alles anders als früher, dann ist höchste Vorsicht angebracht.

Vier Gefühlslagen oder: Wie Sie nicht handeln sollten

Die Schilderung der vier typischen Phasen eines Aktienanlegers in Zeiten sinkender Börsenkurse soll Ihnen helfen, sich besser zu schützen und bereits dann, wenn Sie sich einmal in der ersten Phase befinden, besser zu reagieren.

1. Phase: Trotz & Verdrängung

Sinken die Kurse in der ersten Phase, so erlebt man bei Aktienanlegern immer wieder ähnliche, sehr emotionale Reaktionen: eine Mischung aus Verwunderung und Es-nicht-glauben-Wollen. In dieser Phase fragt man alle möglichen Leuten, wie diese die Börse einschätzen. Und garantiert passiert dies: Diejenigen, die vernünftige Argumente für weiter sinkende Kurse nennen, überhört man. Man hört nicht hin, sondern einfach weg! Diejenigen, die auf steigende Kurse setzen, findet man dagegen sehr vernünftig. Man hört in dieser Phase nahezu auf jeden, der einem Mut macht und einen darin bestätigt, die eigene Position durchzuhalten.

Wir handeln also emotional und vergessen dabei völlig, dass der Markt keine Emotionen kennt. Ganz gleich, wie sehr wir uns etwas wünschen oder in Gedanken alle Gründe logisch auflisten, warum die Kurse wieder steigen müssten: Der Markt interessiert sich nicht dafür.

2. Phase: Wut

Die Kurse sinken weiter. Aus der Missachtung der ersten Phase wird nunmehr Wut. Sie sind zornig und suchen sozusagen einen Schuldigen. Jemanden, der Sie falsch beraten hat. In dieser Situation gibt man sich gerne auch selbst die Schuld und versucht, sich – trotz Wut – glücklich zu machen, indem man sich selbst sagt, dass man es eigentlich wusste, dass die Börsenkurse fallen werden. Diese Einstellung ist dann der Übergang zur dritten Stufe.

3. Phase: Aktion & Selbstbetrug

Nachdem der Zorn verraucht ist, wird quasi ein Deal mit sich selbst geschlossen. Man versucht sich gewissermaßen als der Lage mächtig darzustellen. Man sagt sich selbst: Wenn der und der Kurs wieder erreicht wird, steige ich direkt aus.

4. Phase: Resignation & Akzeptanz

Sinken die Kurse weiter, folgt garantiert die Resignation. Man nimmt das Börsenschicksal an, Zorn verspürt man nicht mehr. Ihre Einstellung in dieser Phase: Es ist eben so, wie es ist. Sie nehmen Ihr Schicksal scheinbar gelassen, jedoch innerlich aufgewühlt an. Es ist die typische Phase, in der sich so etwas wie Börsenmüdigkeit und Sehnsucht nach festverzinslichen Wertpapieren breit macht. Hinzu kommen die Neider oder aber die ängstlichen Anleger in Ihrer Umgebung, die bislang selbst nie auf Aktien gesetzt haben und sich jetzt in ihrer Einstellung bestätigt sehen. Diese Menschen schauen hämisch auf Sie und Ihre Aktienträume hinab. Typische Einstellung: „Nun denn, dann verkaufe ich eben mit Verlust." Dieser Schritt wäre in der ersten Phase unter Berücksichtigung der Börsenstimmung und der Zukunftsaussichten vernünftig gewesen (Verluste begrenzen, Gewinne laufen lassen – Sie erinnern sich?).

Der richtige Umgang mit Hoffnung und Angst

Aus dem bisher Gesagten resultiert: Sie müssen bei Verlusten reagieren. *Kostolany* sagt: An der Börse zu spekulieren bedeutet, dass Sie sich manchmal unter Schmerzen von einem Papier trennen müssen. Sie dürfen also nicht mit Trotz reagieren und eine sich zum Schlechten wendende Situation verdrängen. Im Gegenteil: Sie müssen bereits in der ersten Phase reagieren, die Gegebenheiten – technisch und fundamental – überprüfen und unter Umständen verkaufen.

Die zwei Grundempfindungen eines Börsianers sind **Hoffnung** und **Angst**. Sie werden nun denken: „Klar, Hoffnung auf steigende Kurse und Angst vor fallenden." Doch so einfach ist das nicht, im Gegenteil. In der Praxis reagieren nämlich viele Börsianer genau umgekehrt, wie die Erfahrung zeigt. Denn zahlreiche Anleger begehen zwei gravierende Fehler: Haben sie Aktien gekauft und die Börse sinkt (der Markt sinkt!), so hoffen sie auf steigende Kurse, darauf, dass der Trend ja wieder drehen muss. Manche Börsianer empfinden diese Einstellung sogar als heroisch, als heldenhaft, nämlich gerade dann auszuharren, wenn alle anderen vom fallenden Markt sprechen. Steigen dagegen die Kurse, so leben diese Anleger in der Angst, die Kurse könnten ja bald wieder fallen und der bereits erzielte Gewinn wäre dahin. Dies sind die zwei häufigsten Grundgefühle eines Durchschnittsbörsianers.

Wenn Sie auf Dauer erfolgreich sein wollen, müssen Sie diese beiden tief verwurzelten Gefühle quasi umdrehen. Sie müssen Angst haben, dass die Kurse sinken könnten, und die Hoffnung, dass die Kurse weiter steigen.

Verluste begrenzen

Passend zu dem eben Gesagten, noch einmal *Kostolany*, der Altmeister der Börse. In seinem Buch „Wunderland von Geld und Börse" schreibt er sehr treffend:

„Das Schwierigste ist jedoch, an der Börse einen Verlust hinzunehmen. Es ist ein chirurgischer Eingriff. Man muss einen Arm amputieren, bevor sich die Vergiftung ausbreitet. Je eher, desto besser. Das ist schwer und unter hundert Spekulanten gibt es vielleicht nur fünf, die imstande sind, so zu handeln."

Von *Kostolany* soll auch der Satz stammen: „Nach jedem Geschäft einen Moment stehen bleiben und überlegen: Was habe ich richtig gemacht? Was habe ich nicht richtig gemacht? Aus jeder Erfahrung die Folgen ziehen …"

Denken Sie stets daran: Sie investieren in Aktien, weil Sie auf diese Weise Geld verdienen und nicht verlieren wollen. Wenn Sie also in eine Aktie investieren und die Chancen für eine gute Entwicklung des betreffenden Unternehmens nehmen plötzlich und unvorhergesehen ab, dann verkaufen Sie! Die Börse bietet nicht nur *eine* Kaufgelegenheit, sondern immer wieder zahlreiche neue Gelegenheiten. Wenn Sie spüren, dass aus der Sicherheit, mit der Sie hinter einer Aktie gestanden haben, plötzlich nur noch Hoffnung wird, ohne dass Sie diese Hoffnung begründen können, dann verkaufen Sie!

EXPERTENTIPP

Hoffnungsvolle, das erzählen sich die alten, erfahrenen Börsenprofis, verlassen die Börse meist mit Verlust.

Systematisch experimentieren, nicht spielen

Ein von mir sehr geschätzter Kollege, erfolgreicher Buchautor, Vollblutjournalist mit jahrzehntelanger Praxis und Herausgeber des Insider-Newsletters „Kapitalanlagen“ ist *Manfred Gburek*. Im Jahr 1976 erschien sein Buch „Von der Kunst, an der Börse reich zu werden“. Warum ich Ihnen das erzähle? Weil Sie in den sehr besonnen und klar geschriebenen Büchern meines Kollegen bereits alles finden, was heute noch gilt. Und in meinem Buch werden Sie all das finden, was damals galt – und auch künftig gelten wird. So äußert sich *Gburek* zum Thema Systematik ganz deutlich wie folgt:

„Wer genügend experimentiert hat, müßte eigentlich schon nach wenigen Jahren an der Börse reich werden. Warum dies trotzdem so wenigen gelingt, liegt einfach daran, daß die wenigsten an ihren Börsenerfolg glauben; d.h. sie sind ganz einfach Spieler.“

Auch *Gburek* spricht über die richtige Strategie des Gewinne-laufen-Lassens und von dem richtigen Umgang, letztlich also auch des Verluste-Begrenzens mit den Gefühlen Hoffnung und Angst.

Zwei Beispiele zu diesem Themenkomplex:

Fall 1: die falsche Strategie des Axel F., der auf Dauer zu den Verlierern zählen wird.

Die Aktie steht bei 100 EUR, Axel F. kauft zu 100 EUR. Die Aktie steigt auf 110 EUR nach 7 Monaten, Axel F. verkauft und zieht sich mit seinen stolzen 10% Kursgewinn zurück. Die Aktie steigt weiter auf 200 EUR. Da Axel F. über die stets gleich bleibende Systematik an der Börse noch nichts gelernt hat und nach dem Motto „Gewinne begrenzen, Verluste laufen lassen" spekuliert, wird er auf Dauer mit dieser falschen Systematik zu den klaren Verlierern zählen.

Fall 2: die richtige Strategie des Manfred G., der auf Dauer zu den Gewinnern zählen wird.
Kauf bei 100 EUR, Manfred G. wartet, bis die Aktie auf 200 EUR steigt und dann in einer kräftigen Reaktion 10% einbüßt, also auf 180 EUR fällt. Manfred G. erteilt einen Verkaufsauftrag, der Kurs bricht noch einmal ein, er verkauft bei 170 EUR pro Aktie. Gewinn immerhin 70%. Mit dieser Systematik zählt Manfred G. auf Dauer zu den Gewinnern.

EXPERTENTIPP

Erfolgstipp zum Thema Hoffnung und Angst: Limitieren Sie Verluste und lassen Sie Gewinne anschwellen. Experten sprechen hier von so genannten stop-loss-orders. Sprechen Sie Ihren Banker auf solche Sicherungsstrategien an. Gehen Sie hingegen andersherum vor, also limitieren Sie aus Angst Ihre Gewinne und lassen Sie Verluste in der Hoffnung auf eine Kurskorrektur laufen, so erzielen Sie naturgemäß auch große Verluste und nur kleine Gewinne. So einfach es klingt, dies ist eine der wichtigsten und schwierigsten Lehren erfolgreichen Geldverdienens mit Aktien.

Gewinnen mit den Börsenstrategien der Profis

Wie bereits zu Anfang gesagt: Die Erfolgsregeln und -strategien der erfolgreichen Aktienanleger und der Profis sind seit Jahrzehnten gleich geblieben – nur leider handelt die Masse nicht danach. Im Folgenden finden Sie eine Sammlung der aus meiner Sicht wichtigsten Börsenstrategien der Profis. Diese Zusammenstellung fremder und eigener Weisheiten resultiert aus über zehn Jahren eigener Börsenspekulation.

Außer reinen Gewinnstrategien möchte ich Ihnen einige „Weisheiten" von Börsenprofis mit auf den Weg geben. Über manche mag man schmunzeln, aber jede einzelne Weisheit ist an der Börse erprobt und begründet.

Denken Sie auch beim Lesen dieses Kapitels daran: Geld verdienen mit Aktien – das erreichen Sie auf Dauer nur, wenn Sie spätestens nach der Lektüre dieses Buches beginnen, Theorie und Praxis zu verbinden. Die Lehrzeit an der Börse kann Ihnen keine noch so gute Strategie eines Börsenprofis ersparen. Und kein Börsenspiel bringt Ihnen den nervlichen Kick, den Sie bei der richtigen Aktienanlage verspüren. Über Aktienbesitz zu reden und Aktien wirklich zu besitzen, das sind zwei völlig unterschiedliche Dinge. Es ist eine komplett neue und aufregende Erfahrung, schwarz auf weiß auf dem eigenen Kontoauszug zu sehen, wie Geld Früchte trägt. Machen Sie Ihre Hausaufgaben, recherchieren Sie die Grundlagen für Ihre Entscheidung und legen Sie los. Einzige Voraussetzung: Investieren Sie stets nur den Teil Ihres Geldes, auf den Sie möglicherweise über Jahre hinweg verzichten können.

Vergessen Sie nicht: Die folgenden Strategietipps können nicht mehr als Tipps sein. Denn: Gäbe es ein Erfolgskonzept mit Gewinngarantie, so würden alle Teilnehmer an der Börse dies umsetzen – und es käme wieder anders, als geplant. Aber ich verspreche Ihnen: Die Tipps werden Ihnen als Aktienbesitzer oft helfen, die bessere Entscheidung zu treffen. Versuchen Sie, soweit wie möglich das Gesagte zu beherzigen. Gehen Sie dabei quasi wie bei einer Checkliste vor: Fragen Sie sich immer mal wieder, ob Sie die genannten Punkte berücksichtigen.

Die John-Bogle-Methode

John Bogle, bekannter Fondsmanager und 69-jähriger Gründer der zweitgrößten amerikanischen Investmentgesellschaft *Vanguard:* Investieren ist für *Bogle* eine Charakterfrage. Den intelligenten Langfristanleger, so zitiert das „Handelsblatt" Ende Oktober 1998 *Bogle,* zeichnen fünf Eigenschaften aus:

1. Gesunder Menschenverstand
2. Sparsamkeit
3. Realistische Erwartungen
4. Geduld
5. Ausdauer

Bogle hält jede Form des hektischen Hin und Her bei Kursturbulenzen an der Börse für falsch. Noch wichtiger und passend zum bereits Gesagten: Vom emotionsgesteuerten Anleger hält er gar nichts. Drei Faktoren sind für *Bogle* die Ursache für Vermögensverluste:

1. Hoffnung
2. Gier
3. Angst

Expertentipp

Überprüfen Sie, ob Sie die oben genannten Eigenschaften als Aktienkäufer mitbringen und ob Sie Hoffnung, Gier und Angst im Griff haben. Wenn nicht, lassen Sie die Finger von Aktien. Die Gefahr ist sonst groß, dass Sie mehr Spieler, als Geldanleger werden.

Die „Grundlagenstrategie“

Auch in diesem Kapitel kann ich Ihnen „Hausaufgaben“ nicht ersparen. Sie müssen sie im Vorfeld ordentlich erledigen. Sonst hilft Ihnen die beste Gewinnstrategie nichts. Im Einzelnen gilt es, die folgenden Punkte abzuarbeiten:

Grundlagen kennen und Gesamtmarkt erfassen

Gute Gewinne zu erzielen bedeutet: nicht einzelne Kurse zu lesen und zu interpretieren, sondern vielmehr den **Gesamtmarkt** zu erfassen. Sie müssen den Trend einigermaßen richtig erkennen. Die höchste Stufe des Geldverdienens mit Aktien erklimmen Sie, wenn Sie lernen, die Grundlagen des Marktes zu erfassen. Also Faktoren wie Konjunktur, Staatsverschuldung, Arbeitslosigkeit, technische Entwicklungen und so weiter. Sie werden schnell feststellen: Die Größenordnung einzelner Aktien ist dann gar nicht so entscheidend.

Denken Sie immer daran: Die Öffentlichkeit denkt nicht selbstständig, sondern was an der Börse passiert, hängt vom Gesamtmarkt ab. Steigen die Börsenkurse wegen solider wirtschaftlicher Marktdaten, so haben selbst zwischenzeitlich schlechte Nachrichten keine allzu große Wirkung. Der Aktienmarkt selbst ist nicht zu schlagen. Bei einzelnen Aktien können Sie falsch liegen, der Aktienmarkt insgesamt ist unbesiegbar!

Bleiben Sie sich treu, wenn die Grunddaten stimmen

Niemals irre machen lassen! Wenn Sie sich einer Sache sicher sind, dann bleiben Sie beharrlich dabei. Kostolany sagt sinngemäß: Gute Papiere kaufen, Schlaftabletten nehmen und hinlegen. Nach einigen Jahren werden Sie positiv überrascht sein. Gute Papiere, das bedeutet z.B., die beim „Königsweg" (siehe Seite 69 f.) genannten **Blue Chips** zu kaufen. Aktien solcher Blue Chips, solcher großen und etablierten Unternehmen, bringen langfristig Gewinne. Achtung: Ab 1999 zählt der deutsche Markt alleine nicht mehr. Dann ist es sinnvoller internationale Blue-Chip-Werte zu kaufen.

Begründet zum richtigen Zeitpunkt kaufen

Versuchen Sie niemals, auf dem Tiefststand zu kaufen oder auf dem Höchststand zu verkaufen. Das ist ein Märchen und das erreicht man nur durch Glück. Oft stellen sich die letzten Punkte, die letzten % Steigerung oder Kursverfall als die teuersten Prozentpunkte heraus, weil plötzlich alles anders kommt. Tipp: Kaufen Sie begründet zum richtigen Zeitpunkt.

Beziehen Sie einen eigenen Standpunkt

Mit Prognosen von so manch einem selbst ernannten Experten ist es nicht weit her. Viel wichtiger: Sie müssen sich mit den allgemeinen Marktgegebenheiten beschäftigen. Sie müssen an der Börse als erfolgreicher Aktionär lernen, sich eigene Urteile zu bilden und auf das eigene Urteil zu vertrauen. Lernen Sie, einen begründeten Standpunkt zu beziehen und haben Sie dann einfach nur Geduld. Wenn die Grundbedingungen des

Marktes stimmen, wird niemand durch Manipulation oder Einflussnahme den Trend brechen können. Die Grunddaten des Marktes sind für Sie entscheidend! Haben wir einen **Bull-Markt** (steigende Kurse), dann setzen Sie auf **Hausse.** Sie tun, handeln Sie nach diesem Grundprinzip, dann nichts anderes, als Wahrscheinlichkeiten vorwegzunehmen.

Nutzen Sie Ihr Spezialwissen

Sie haben auch als ganz normaler Anleger eine Chance auf überdurchschnittliche Gewinne, wenn Sie Ihr Spezialwissen nutzen. „Spezialwissen" bedeutet: Nutzen Sie das Wissen, das Sie über die Branche haben, in der Sie beruflich tätig sind. Nutzen Sie die Kenntnisse über Ihren Arbeitgeber und über mögliche Konkurrenten.

Investieren Sie in große Bewegungen mit dem Trend

Wir sprachen in diesem Buch des Öfteren davon, dass es nicht ums Geldverdienen mittels kurzfristiger Spekulation geht. Glauben Sie mir: Es sind die großen Bewegungen, mit denen das große Geld verdient wird. Dass dieser Satz absolute Gültigkeit hat, zeigte auch wieder die letzte große Börsenhausse bis August 1998.

Stimmen die Grundbedingungen für einen Markt, so stimmt der Trend. Stimmen die Grundbedingungen, so wird niemals ein Mensch in der Lage sein, den Trend zu manipulieren. Und dann ist der Trend Ihr bester Freund.

Schätzen Sie die Zukunft des von Ihnen ausgewählten Unternehmens ein

Sie besitzen inzwischen Grundkenntnisse in der Charttechnik (siehe Kapitel „Technische Analyse", Seite 39 ff.). Also der Technik, die sich mit der Vergangenheit beschäftigt und im Nachhinein immer zu erklären weiß, warum sich die eine Entwicklung aus der anderen ergab. Schauen Sie lieber in die Zukunft. Fragen Sie sich vor einer Spekulation, vor dem Kauf einer Aktie: Habe ich mich um eine Prognose der Zukunft bemüht? Habe ich ausreichend Gründe, um auf die Zukunft eines Unternehmens und seiner Aktien zu setzen? Tipp: Zukunftsgrundlagen sind wichtiger als Vergangenheitswissen!

Misstrauen Sie Gewinn garantierenden Spekulationstechniken

Versuchen Sie erst gar nicht, vermeintliche „heiße“ Spekulationstechniken von selbst ernannten Börsengurus erlernen zu wollen. Fragen Sie also nicht Hinz und Kunz, sondern lassen Sie sich gesagt sein: Langfristigen Erfolg erzielt nur, wer die Grundlagen eingehend studiert, klar denkt und dann entscheidet.

Misstrauen Sie ewigen Gewinnern

Wer an der Börse mit Aktien spekuliert und behauptet, er habe immer nur Gewinne erzielt, lügt meines Erachtens. Verluste sind das Lehrgeld während der Lehrzeit. Ich selbst habe beide Seiten der Spekulation kennen gelernt.

Meiden Sie Habgier und Unwissenheit

Zu dieser für mich inzwischen wichtigsten Einsicht kam auch ich erst sehr spät. Neben den zwei schon genannten Todfeinden der Aktienspekulation, Hoffnung und Angst, (in der verkehrten Richtung!), gibt es zwei weitere Todfeinde, die Sie umgehen müssen: Es handelt sich dabei um **Habgier** und um **Unwissenheit**. *John Bogle* nannte bereits die Gier. Der Typus Mensch, der niemals spekulieren dürfte, ist der, der aus dem Bedürfnis heraus, so viel Geld wie möglich zu verdienen, auf Aktien setzt und wenn diese dann im Kurs fallen, darauf hofft, dass die Kurse schon wieder steigen werden. Dieser Börsentyp wird kaum begründete Kauf- oder Verkaufsentscheidungen treffen und auf Dauer alles verlieren. Wenn Sie spüren, dass Ihr Wunsch nach Aktienbesitz ein wenig der Motivation Gier entspringt und Sie, wenn Sie ehrlich sind, sich noch Unwissenheit eingestehen müssen, dann heißt es vorerst: Finger weg von Aktien!

Nach erfolgreichen Transaktionen Ruhepausen einlegen

Wenn Sie eine Aktienposition mit Gewinn aufgelöst haben, dann gönnen Sie sich einfach einmal eine Ruhepause. Lehnen Sie sich zurück und beschränken Sie sich eine Zeit lang aufs Beobachten. Ich kann Ihnen aus anfänglichen eigenen Fehlern und aus zahlreichen Gesprächen mit Anlegern heraus bestätigen: Nach ersten Erfolgen setzt schnell die Gier ein. Man kann es kaum abwarten, das Geld aus den ersten Gewinnen schnellstmöglichst wieder zu investieren. Man sieht sich bereits als halber Profi und sucht eine vermeintliche Gewinnchance nach der anderen. In dieser Phase leidet man schnell an Selbstüberschätzung, meint, die Börse im Griff zu haben und bereits jetzt zu wissen, wo es ständig neue Gewinnchancen gibt.

Meine persönliche Meinung heute und ein wichtiger Tipp für einen erneuten Anlageerfolg lautet:

Expertentipp

Wer erfolgreich beobachten will, darf nicht investieren.

Während Sie investieren, sind Sie nämlich auf Ihre eigenen Aktien fixiert. Der Blick für das Ganze, für andere gute Kaufgelegenheiten leidet. Nutzen Sie die Zeit nach einem erzielten Gewinn, um in Ruhe die aktuelle Börsensituation zu erfassen. Genießen Sie Ihren Gewinn und entscheiden Sie erst dann über ein neues Investment, wenn Sie spüren, dass Sie eine ruhige und wohl überlegte Entscheidung treffen.

Bewahren Sie Ruhe

In **Baissezeiten** (Zeiten dauerhaft sinkender Börsenkurse) gilt es – wenn die Grunddaten des Unternehmens, von dem Sie Aktien besitzen, stimmen – die Ruhe zu bewahren. Viele Menschen ergreift dann die Furcht sie könnten alles verlieren. Sie meinen dann, es sei besser, wenigstens einen kleinen Teil des eingesetzten Kapitals zu retten. In solchen Situationen überwiegen die Emotionen, statt die klaren Strategien (siehe auch „Der Königsweg“, Seite 69 f.). Panikartig wird dann zu Spottpreisen verkauft. *Peter Lynch,* der im Vorwort zitierte Super-Fondsmanager, bezeichnete dieses Verhalten einmal wie folgt: „Niemand zwingt sie dazu, aber sie melden sich freiwillig zum Geldverlieren.“

Streuen Sie Ihr Vermögen

Setzen Sie niemals alles auf eine Karte. Wenn Sie in verschiedene Titel und verschiedene Branchen investieren, verringern Sie das Risiko. Zu viele Aktienengagements sind jedoch auch nicht gut. Erstens verlieren Sie schnell den Überblick und zweitens können Sie Ihr Risiko nicht unbegrenzt senken. Zehn Aktien im Depot sind gut zu überblicken und sorgen für eine ausreichende Streuung.

Ermitteln Sie die für Sie optimale Investmenthöhe

Eine sehr pauschale Pi-mal-Daumen-Formel sagt: 100 minus Lebensalter sei der Teil, den Sie in Aktien anlegen sollten. Sicherlich gibt diese Formel einen Anhaltspunkt dafür, dass man in jungen Jahren (wenn man noch viele Jahre Spardauer vor sich hat) mehr riskieren kann als später (wenn man möglicherweise von einem auf den anderen Tag schneller über vorhandenes Vermögen verfügen will oder verfügen muss). Der Haken an dieser Regel ist offensichtlich: Ein junger, jedoch konservativer und sicherheitsorientierter Sparer wird mit 20 Jahren keine 80% in Aktien sparen. Und ein älterer, achtzigjähriger Mensch, der sich finanziell keine Sorgen machen muss, wird womöglich lieber mit 80% seines Anlagevermögens an der Börse teilhaben wollen als mit 20%. Die oben genannte Faustformel ist also lediglich ein grober Maßstab. Grundsätzlich gilt:

Expertentipp

Wenn Sie bei der Aktienauswahl sorgfältig vorgehen, dann sollten Sie mutig so hoch wie möglich das Geld, das Sie nicht unmittelbar in den nächsten Jahren benötigen, in Aktien investieren.

Aus Fehlern lernen

Lernen Sie aus Ihren Fehlern! Das bedeutet: Wenn eine Aktienspekulation schlechter, als erwartet, läuft und Sie womöglich mit Verlust verkaufen müssen, so versuchen Sie zu klären, woran es gelegen hat. Tatsache ist: Nichts ist teurer, als einen wirklichen Fehler bei Auswahl oder Einstieg in eine Aktie gemacht zu haben und in der nächsten ähnlichen Situation lediglich zu denken, dass es dieses Mal schon klappen wird.

Nicht mit der Masse handeln

Ein Lehrsatz von *John Templeton*, dem Altmeister der Fondsanlage, lautet: Haussemärkte entstehen im Pessimismus, wachsen im Skeptizismus, reifen in Optimismus und sterben schließlich in der Euphorie. Kaufen Sie in Zeiten größten Pessimismus und verkaufen Sie langsam bei größtem Optimismus.

Der Königsweg

Zwischenzeitlich von vielen Autoren beschrieben, ist an diesem **Königsweg** tatsächlich etwas dran. Den Königsweg beschreiten Sie wie folgt:

- Sie kaufen ausschließlich Aktien von Branchenführern, so genannten **Blue Chips**. Blue Chips sind also sozusagen beliebte und vor allem bekannte Standardwerte. Sie zeichnen sich häufig durch einen bekannten Markennamen aus, können solide Bilanzen vorweisen und verfügen über jede Menge finanzieller Kraft. Es liegt auf der Hand, dass solche Blue Chips sicherer sind als kleinere Firmen.

EXPERTENTIPP

Auch bei diesen Standardwerten gibt es lahme Enten wie beispielsweise Linde, Siemens oder andere. Achten Sie darauf, dass es sich um Standardwerte mit Wachstumspotenzial handelt. Solche Werte waren in der Vergangenheit *Nestlé* oder *McDonald's*.

- Sie kaufen diese Blue Chips ausschließlich dann, wenn der aktuelle Kurs 30% unter dem bisherigen Höchstwert liegt. Tritt dieser Fall ein, investieren Sie die Hälfte Ihres verfügbaren Anlagekapitals.
- Steigt der Kurs, sind Sie auf der Gewinnerseite.
- Fällt der Kurs, sollten Sie Ruhe bewahren und sich in Geduld üben. Fällt der Kurs um mehr als 30% und vergehen seit dem letzten Kauf mehr als sechs Monate, kaufen Sie mit der Hälfte des noch verfügbaren Anlagekapitals Aktien nach.
- Steigt der Kurs nun, sind Sie wieder auf der Gewinnerseite.
- Sinkt der Kurs, warten Sie ein zweites Mal geduldig ab. Vergehen wieder mehr als sechs Monate seit dem ersten Nachkauf und fällt der Kurs mehr als 30%, kaufen Sie mit dem restlichen Anlagevermögen wiederum die Aktien.

Mit dieser Blue-Chip-Strategie können Sie langfristig gute Erfolge erzielen. Einzige Voraussetzung: Sie wollen nicht zocken, sondern mit viel Zeit und dem notwendigen Geld über die Jahre mit dem Sachwert Aktie gut verdienen.

EXPERTENTIPP

Engagieren Sie sich niemals (!) voll zu Beginn. Wichtig ist: Aktienkurse sind nie zu hoch, als dass Sie nicht noch kaufen könnten. Vorausgesetzt, die zugrunde liegende Bewegung stimmt.

In Zukunftsmärkte investieren

Bei Aktien profitieren Sie nur von den Gewinnen und der Entwicklung in Zukunft. Ganz gleich, wie gut die Vergangenheit war, die Zukunftsaussichten müssen stimmen. Wenn Sie mit Aktien Geld verdienen wollen, lohnt es sich, auf die richtigen Trends zu setzen. Einige dieser absehbaren, wahrscheinlichen und bis heute aktuellen Trends beschrieb die Zeitschrift FINANZEN Ende 1997.

Computer und Technologie

Vorab zwei Aussagen von Leuten, die es eigentlich hätten (besser) wissen müssen. Sie sollen Ihnen zeigen, wie sehr sich sogar Insider bei Marktentwicklungen und Zukunftsperspektiven verschätzen.

„Ich glaube, der Markt wird weltweit fünf Computer benötigen." (*Thomas Watson,* Vorsitzender von *IBM,* 1943) „Es gibt keinen Grund, warum irgendeiner einen Computer zu Hause haben möchte." (*Ken Olson,* Vorsitzender und Gründer von *Digital Equipment,* 1977)

Der heutige Computer- und Technologiemarkt hat genau das Gegenteil bewiesen. Bis zum Jahre 2002, so wird geschätzt, wird sich die Anzahl der PCs auf 750 Millionen verdreifachen. Microsoft und Intel sind bereits heute wertvolle Unternehmen und werden ihren Wert weiter steigern. Zusätzlich boomt in der Computerbranche der Internetmarkt, das weltweite Datennetz. Auch hier: Für das Jahr 2002 rechnet man mit Umsätzen um 60 Milliarden jährlich.

Expertentipp

Aussichtsreiche Investments bieten folgende Gesellschaften:
Microsoft, Netscape, Yahoo, Oracle, Intel, Motorola.

Nahrungsmittel und Freizeit

Wieder ein Blick ins Jahr 2002. Über 6 Milliarden Menschen leben auf dem Planet Erde. Im Bereich Nahrungsmittel und Freizeit haben sich kleinere Unternehmen zu großen Konzernen zusammengeschlossen. Diese Konzentration ist bereits seit Jahren zu beobachten. Markenartikel werden mehr gekauft als zuvor. Hinzu kommen die bereits genannten Umsätze aus dem Internet.

Expertentipp

Aussichtsreiche Investments sind:
Nestlé, Philip Morris, Nutricia, Pepsi, Nike, Galloway, Boss, Coca-Cola, Adidas.

Gewinnstrategien des Börsengurus Warren Buffett

Wenn *Buffett* zur Hauptversammlung seiner *Berkshire Hathaway AG* ruft, dann kommen die Aktionäre gerne. Der Name *Warren Buffett* ist ein Synonym für Börsenerfolg schlechthin. Er wurde am 30. August 1930 geboren. Die Börsenspekulation lag in seiner Familie wohl im Blut. Auch *Buffett* hat klein angefangen. Sein heute Milliarden schweres Vermögen schuf er aus dem Nichts. Er investierte ausschließlich an der Börse. Seine erste Investmentgesellschaft gründete er 1956 mit 105 000 DM Startkapital und sieben Teilnehmern. Dreizehn Jahre später löste er diese erste Investmentgesellschaft wieder auf. Das fantastische Ergebnis: *Buffett* verfügte danach über ein eigenes Vermögen von 25 Millionen Dollar. Bis heute hat sich sein erfolgreicher Weg fortgesetzt.

Buffetts Lehrsätze sind nicht unbedingt etwas Neues. Großartige Geheimnisse dürfen Sie keine erwarten. Es handelt sich um Leitsätze, die für *Buffett* galten, die heute gelten und die auch in Zukunft gelten werden.

1. Wenn Sie es nicht aushalten, Ihre Aktien auch mal um 50% fallen zu sehen, dann haben Sie an der Börse nichts verloren. Legen Sie Ihr Geld anderweitig an.
2. Jeder Aktienkurs muss sich langfristig an den wirklichen Wert eines Unternehmens anpassen. Es gibt also keinen Grund, zu absurden Kursen zu kaufen oder zu verkaufen. Auch hier gilt also: Sie müssen Ihre Hausaufgaben machen und Informationen zum Unternehmen sammeln sowie diese auswerten.
3. Wenn die Fundamentaldaten für eine gute Zukunft und für Wachstum sprechen, dann kann sich der Aktienkurs nicht endlos von diesen Fundamentaldaten entfernen. Bei niedrigen Kursen sollten Sie diese immer zum Aktienkauf nutzen.
4. Entscheidend für den Anlageerfolg ist nach *Buffett* der innere Wert eines Unternehmens. Hervorragende Unternehmen kann man immer kaufen, wenn sich durch vorübergehende Probleme günstige Einstiegskurse ergeben.
5. *Buffett* sagt: Kaufe nur Aktien solcher Firmen, deren Geschäft du verstehst. Folgendes ist damit gemeint: Den Erfolg von *Nestlé* können Sie regelmäßig in jedem Lebensmittelgeschäft beobachten. Das ist mit „verstehen" gemeint. Also eben nicht *Microsoft* kaufen, nur weil alle sagen: *Microsoft* läuft – während man selbst keine Ahnung von der Softwarebranche hat. An der so genannten Fundamentalanalyse führt kein Weg vorbei. Wenn Sie hier keine Zeit investieren wollen, so kaufen Sie besser keine Aktien.
6. Die Gewinnentwicklung muss über Jahre hinweg solide Ergebnisse vorweisen.

Persönlicher Check: Bin ich „börsenreif"?

Disziplin ist der wichtigste Teil zum Erfolg.
Thomas Alva Edison

Disziplin zu wahren ist manchmal das schwierigste Unterfangen. Gerade an der Börse locken zahlreiche Gelegenheiten und – glaubt man so manchem Börsentipp – unzählige Gewinnchancen. Das folgende Schema soll

Ihnen helfen, systematisch mit Aktien Geld zu verdienen. Aber auch dann, wenn Sie nach diesem Schema handeln, sind Verluste nicht ausgeschlossen. Sie investieren jedoch zumindest nur dann, wenn Sie Ihre Hausaufgaben gemacht haben.

Beobachten

Beobachten

Beobachten

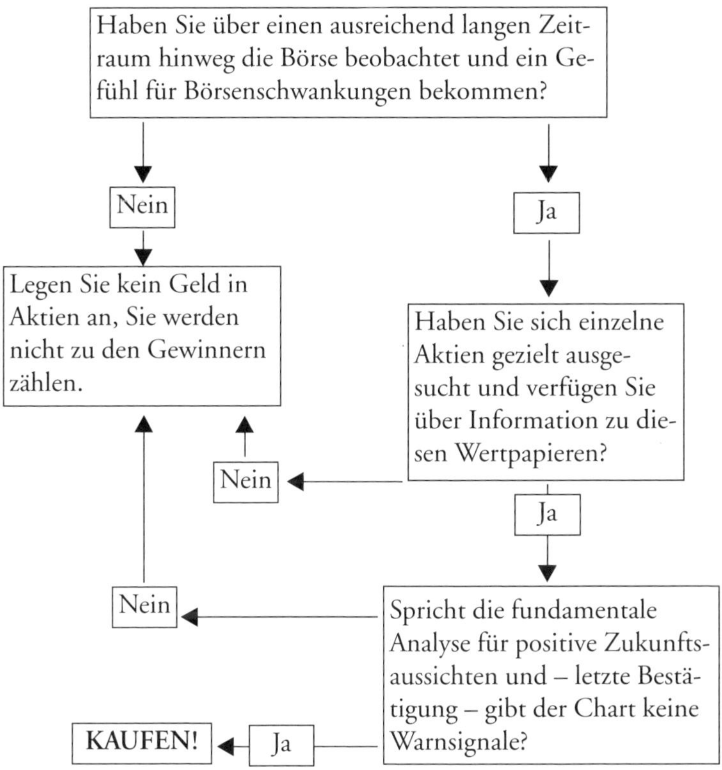

Ganz gleich nach welcher Strategie Sie an der Börse agieren: Eine Erfolgsgarantie gibt es nicht. Aber indem Sie nach einem festen Plan handeln, begrenzen Sie Ihre möglichen Verluste konsequent von Anfang an. Wenn Sie diszipliniert investieren, unterscheiden Sie sich dadurch in einem wichtigen Punkt vom Spekulanten und Sie erhöhen zudem Ihre Chancen, erfolgreich und auf Dauer mit Aktien Geld zu verdienen.

Selbst dann, wenn Sie aus diesem Buch nichts anderes mitnehmen als den Rat, sorgfältig zu beobachten, sich einen Plan zu erstellen und diszipliniert nach diesem Plan zu handeln, dann hat sich der Kauf bereits für Sie gelohnt.

Bitte vermeiden: typische Anlegerfehler

Vermeiden Sie in jedem Fall die zwei folgenden gefährlichen Gedanken:

1. Der Kurs ist ja schon so hoch gestiegen, wie soll er jemals noch höher steigen?
2. Die Kurse sind so tief, tiefer können sie gar nicht sinken!

Hüten Sie sich vor derlei Emotionen! „Glauben“ Sie nicht, sondern beobachten und bewerten Sie. Wer an der Börse mit „glauben“ Geld verdienen will, wird scheitern und stattdessen auf Dauer viel Geld verlieren.

In diesem Buch finden Sie immer wieder den Tipp, die Aktienanlage als *langfristige* Geldanlage zu betrachten. Dieser Grundsatz stimmt nur dann, wenn Sie irgendwo in der Nähe eines langfristigen Aufwärtstrends Ihre Aktien kaufen. Ansonsten können Sie durchaus langfristig Geld *verlieren.*

Peter Lynchs Psychologie des Aktionärs

Peter Lynch schreibt in seinem Buch „Der Börse einen Schritt voraus“ zutreffend: „Irgendetwas im menschlichen Wesen sorgt dafür, dass es mit dem Börsentiming schlecht klappt. Der unkundige Anleger schwankt ständig zwischen drei Gefühlszuständen: Besorgnis, Selbstgefälligkeit und Kapitulation.“

Es lohnt sich, *Lynchs* Meinung ein wenig näher unter die Lupe zu nehmen. Auch hier gibt es wieder jede Menge zu lernen: was Sie selbst in Ihrem künftigen Leben als Aktienbesitzer besser machen können und wie Sie typische Anlegerfehler vermeiden.

Nach *Lynch* herrscht zunächst, nachdem der Markt zusammengebrochen ist, Besorgnis vor. Aus diesem Grund kaufen die meisten Anleger nie zu Ausverkaufspreisen. Sie schließen sich lieber ohne eigene Überlegungen der Masse an. Dann kommt die Zeit der Kurssteigerungen. Die Anleger kaufen, die Kurse steigen weiter, die Anleger werden selbstgefällig: Schließlich liegen sie ja goldrichtig, was kann man sich, denken die Anleger in dieser Phase, Besseres wünschen. Anstatt in diesen optimistischen und oft euphorischen Zeiten die fundamentalen Daten sorgfältig zu überprüfen, herrschen Sorglosigkeit und Freude. Wenn in den Zeiten danach seine Aktien unter das Niveau fallen, zu dem er eingestiegen ist, kapituliert der Anleger und verkauft kopflos.

Übrigens: *Lynch* erzählt keine unerprobten, allgemeinen Weisheiten, sondern er gibt wieder, was er selbst erlebt hat.

Augen auf bei Freundschaftstipps

Wenn Sie einen Freund um Rat fragen, der selbst in Aktien investiert, was wird er Ihrer Meinung nach sagen?

Nach einer allgemeinen Information, warum zur Zeit die Kurse an der Börse steigen oder sinken, wird er Ihnen erklären, wieso seine Aktien steigen werden. Das ist nichts Besonderes und doch ist es wichtig: Wer Freunde und Bekannte zum Thema Aktien befragt, muss stets damit rechnen, dass diese – völlig natürlich – die selbst gekauften Aktien wärmstens empfehlen. Seien Sie auf der Hut und denken Sie daran, dass Sie selbst nach der zuvor beschriebenen Systematik prüfen müssen, ob aus Ihrer Sicht eine Aktie wirklich Erfolg verspricht. Also Finger weg von heißen Tipps. Es gilt: Die Arbeit des eigenen Beobachtens dürfen Sie sich niemals nehmen lassen, wenn Sie auf Dauer Geld mit Aktien verdienen wollen.

Finger weg von heißen Tipps!

Prognosen haben zwei Eigenschaften: Sie stimmen nie genau, aber sie stimmen immer mehr als gar keine Prognosen.
Manfred Rommel, Oberbürgermeister von Stuttgart

Anlageberater: Spieler, die meist mangels ausreichender eigener Mittel das Geld derer einsetzen, die davon zu viel haben und nichts damit anzufangen wissen.
Aus: Bank & Börse, Tomus Verlag

An heißen Tipps verbrennen Sie sich schnell die Finger. Eine einzige Zahl verdeutlicht, wieso es *den* heißen Tipp nicht oder nur selten gibt: Eine fünfstellige Zahl, also über 10 000 Aktienanalysten, treten in den USA und in Europa in einen harten Wettbewerb. Jeder versucht, die Nummer 1 zu sein oder zumindest zu den Besten zu gehören.

Lassen Sie mich mit einem Beispiel beginnen:
In der „Handelsblatt"-Ausgabe Nr. 131 vom 13.7.98 wurde die „Adidas-Aktie" *als die meist favorisierte Aktie gehandelt. Im Einzelnen*

- *gewichtete die Deutsche Morgan Grenfell die* Adidas-*Aktie stark,*
- *die Privatbank Sal. Oppenheim tat dies auch,*
- *bei der WestLB stand Adidas als Kauftipp,*
- *Merrill Lnych gar zählte die Aktie zu den Topfavoriten.*

Betrachten wir gemeinsam die Kursentwicklung:

13.7.98	*plus 6,00 DM*
14.7.98	*plus 7,00 DM*
16.7.98	*minus 4,80 DM*
22.7.98	*minus 9,40 DM*
23.7.98	*minus 6,30 DM*
24.7.98	*minus 24,70 DM*

Hintergrund dieser Entwicklung: Adidas *teilte am 24.7. mit, dass der Gewinn im ersten Halbjahr 1998 zurückgegangen sei.*

Fazit: Für einen Kleinaktionär sind die Analysen von Banken und Wertpapierhäusern oft die einzige Möglichkeit sich über Aktiengesellschaften und deren Kursaussichten zu informieren. Auf der anderen Seite zeigt das obige Beispiel, wie leicht Sie oft mit den Tipps der Profis verraten und verkauft sind. Wenn Sie die folgenden Beispiele lesen, bleibt zum Schluss nur das Fazit: sich niemals allein auf Börsentipps zu verlassen.

„Trading Paper", ein Optionsschein-Börsenbrief, empfahl maßgeblich Engagements in japanischen Optionsscheinen. Solange die Börse in Japan stieg und stieg, kassierten die Herausgeber und die Anleger trefflich. Als es 1989/1990 mit der japanischen Börse abwärts ging, verloren jedoch zahlreiche Anleger tausende von Mark. „Trading Paper" hatte kaum geholfen.

Im Spätsommer 1998 sagten Experten des Frankfurter Bankhauses Gontard & Co. *voraus, „dass die positive Grundstimmung am Aktienmarkt Bestand haben sollte …". Statt auf die Krisen in Russland, Korea und Japan hinzuweisen, gab es klare Kaufempfehlungen. So auch für* Degussa. *Empfehlung bei rund 120 Mark. Wer einstieg, verlor innerhalb weniger Tage fast 30%.*

Und auch wenn man die Indexprognosen führender Investmentbanken (in der Zeitschrift „impulse" vom Januar 1998) für das Jahr 1998 betrachtet und dann fürs erste Halbjahr schaut, wie stark die Kursprognosen der Experten vom tatsächlichen DAX-Stand in Höhe von 58 977 Punkten Mitte 1998 abwichen, dann finden wir Abweichungen von 19 bis 55%.

In Aktien zu investieren bedeutet, in die Zukunft zu investieren. Welche Gewinne oder Verluste wird ein Unternehmen erwirtschaften? Mit diesen Fragen beschäftigen sich die Profis der Banken.

Die Zeitschrift „Das Wertpapier" nahm in ihrer Ausgabe 15/98 die Hochrechnungen der Bankanalysten unter die Lupe. Das Ergebnis: Bei den Bilanzschätzungen der Experten kam es beim Vergleich mit den realen Bilanzen 1991–1998 zu Schätzfehlern in Höhe von gut 15% bis hin zu über 35%.

Das „Handelsblatt“ schreibt am 23.12.97:
„Für Ende 1997 wurde bei der traditionellen Umfrage des Handelsblattes unter 33 Banken ein DAX-Stand von 3 095 Punkten erwartet. Der DAX erreichte 4 043 Punkte. Prognose und Wirklichkeit klaffen also weit auseinander. Die einzige Bank, die in 1997 den Indexstand richtig prognostizierte, war die Societé General, *die 4 000 Punkte beim DAX voraussagte.“*

Ende 1972, kurz vor dem damaligen Börsensturz, waren die Anleger optimistisch wie nie zuvor und 85% der Ratgeber und Börsenbriefe waren „bullisch“, d.h. optimistisch eingestellt. Die Mehrheit irrte. Als 1974 die Kurse sich langsam wieder erholten, meinten immerhin 65% der Börsenbriefe, dass die schlimmsten Einbrüche noch bevorstünden. Die allgemeine Stimmung am Markt war deutlich pessimistisch. Das Ganze wiederholte sich. Kurz vor dem Kursverfall in 1977 und in 1987 waren die Marktteilnehmer erneut in hohem Maß „bullisch“ gestimmt; optimistisch wurden weitere Kurssteigerungen erwartet. Das Gegenteil trat ein. Von 1982 bis 1987 fielen die Kurse, Anleger, die auf Börsenbriefe vertrauten, hatten in vielen Fällen das Nachsehen. Nur rund 45% der Börsenbrief-Schreiber lagen richtig, die anderen lagen daneben.

Vorsicht, Falle!

Die folgenden Ausführungen stellen keine Tatsachenbehauptung und auch keine Unterstellung dar. Es geht vielmehr darum, Ihre Skepsis gegenüber Börseninformationen zu erhöhen.

Hin und wieder passiert es, dass Banken ganz massiv und wiederholt einzelne Aktien zum Kauf empfehlen. Hier müssen Sie wissen, dass Banken auch selbst mit Wertpapieren spekulieren. Was also liegt in Einzelfällen näher, als möglicherweise eine selbst bereits im Vorfeld gekaufte Aktie mit vermeintlich besten Prognosen auch den Kunden der Bank zu empfehlen? Es kann sogar sein, dass die Bank insgeheim die Aktie zum Verkauf freigegeben hat. Jetzt wird versucht, mit der Empfehlung an Dritte den Kurs noch ein wenig hochzutreiben, um bestmöglichst auszusteigen.

Mit gleicher Vorsicht müssen Sie auch so genannten **Börsenbriefen** oder **Börsenzeitungen** begegnen. Hier gibt es zahlreiche Blätter, die ordentlich recherchiert sind und nicht zum eigenen Vorteil handeln. Insider erzählen jedoch, dass manchmal bereits vor dem Erscheinungstag einzelner Börsenblätter die im neuen Brief/Heft empfohlenen Aktien deutlich in Kurs und Umsatz anziehen.

Expertentipp

Fazit: Seien Sie skeptisch gegenüber jeglichen Empfehlungen, egal, ob es sich um Tipps von Banken, aus Börsenbriefen oder von sonstigen Medien handelt. Auch hier gilt: Sie kommen um Ihre Hausaufgaben nicht herum. Sie und niemand anders muss sich sicher sein, dass eine Aktie eine gute Zukunft hat.

Ein letztes Beispiel aus der Vergangenheit:
Zwischen Juli 1981 und November 1982 lief an der Börse überhaupt nichts mehr. Hohe Arbeitslosigkeit, hohe Inflation und hohe Zinsen erstickten jede Möglichkeit eines Kursanstiegs. Selbst hart gesottene Profis wussten nicht mehr weiter und wurden unruhig. Es kam dann, wie fast immer: Als niemand mehr daran glaubte und fast alle Marktteilnehmer „bearish", d.h. pessimistisch, waren, drehte der Markt und stieg. Eine verlässliche Hilfe, was am besten zu tun sei, gab es in dieser Zeit nicht.

Zusammenfassung

Ob Sie sich auf vermeintliche heiße Tipps verlassen, obskuren Börsentheorien glauben oder mittels eines Dartspiels auf x-bliebige Aktienwerte zielen: Im Ergebnis macht das keinen Unterschied. Es ist alles gleich unsinnig.

Um sich dies bewusst zu machen, reicht es, daran zu denken, dass Sie einer von Millionen sind, die diese angeblich so heißen Tipps erhalten. Sie stehen am Ende einer langen Informationskette. Klar: Sie können auch einmal Glück haben und ein heißer Tipp erweist sich als *der* Börsenrenner. Langfristig und auf Dauer gesehen werden Sie mit dieser Strategie kaum erfolgreich sein. Und noch ein Haken haben Expertentipps: Sie hören/lesen zwar die Kaufempfehlung des Experten, aber erfahren nur selten unmittelbar etwas von seinem Meinungsumschwung.

Expertentipp

Wenn Sie kaum noch auf Zweifler stoßen, wenn fast jeder meint, nun endlich beim Thema Aktien mitreden zu wollen oder gar zu können, wenn die meisten Börsenprofis sich mit tollen Tipps überschlagen – dann ist es in der Regel höchste Zeit, systematisch zu verkaufen!

Vorsicht bei Aktien auf Kredit!

Schon manch einer hat Haus und Hof verloren, wenn er auf Aktien mittels eines Bankkredits spekulierte. Hierzu ein Beispiel:
Sie besitzen 10 000 EUR und Sie kaufen 10 Aktien zu je 1 000 EUR. Sie rechnen damit, dass der Kurs auf 1 300 steigt. Mutig nehmen Sie bei der Bank 20 000 EUR zusätzlich auf und kaufen weitere 20 Aktien. Dann passiert es: Die Börse rutscht, der Kurs Ihrer Aktien sinkt um 20% auf 800 EUR. Sie verkaufen in Panik. Ihre Aktien sind nun gerade noch 800 EUR x 30 Aktien = 24 000 EUR wert. Den Kredit von 20 000 EUR abgezogen, bleiben 4 000 von ursprünglich 10 000 EUR Eigenkapital. Ein Verlust von 60%! Würden Ihre Aktien auf 700 EUR sinken und Sie würden dann verkaufen, blieben Ihnen nach Abzug des Kredits, Zinsen außen vor gelassen, noch 1 000 EUR. Also nahezu ein Totalverlust!

Durch die Aufnahme des Kredits kommt es zur so genannten ***Hebelwirkung***. Steigen die Kurse, profitieren Sie in gesteigertem Maße, da Sie weniger Zinsen für Ihren Kredit bezahlen, als an Aktiengewinn erzielt wird. Dem gegenüber steht das Risiko eines Totalverlustes.

Wer ständig opponiert, verliert!

An der Börse ständig (unbegründet) zu opponieren bedeutet, ein teures Hobby zu finanzieren. Das heißt: Manche Menschen haben Spaß daran, immer die Meinung zu vertreten, die gerade nicht aktuell ist und auch nicht der aktuellen Situation entspricht. Das ist eine gefährliche und zumeist verlustbringende Selbstüberschätzung.

Checkliste: So vermeiden Sie Fehler

An der Börse mit Aktien zu spekulieren bedeutet, dass immer wieder Emotionen ins Spiel kommen. Trotz aller Systematik, trotz aller Erfahrung kann es passieren, dass die Gefühle mit Ihnen durchgehen. Hilfreich ist es in solchen Situationen, sich selbst zu prüfen. Nach Ihren künftigen Aktienkäufen sollten Sie immer wieder diese Fragen durchgehen und sie ehrlich beantworten.

Wenn Sie eine oder mehrere der folgenden Testfragen mit Ja beantworten müssen, dann ist es höchste Zeit, Ihre aktuelle Börsenstrategie zu überdenken und gegebenenfalls umzustellen. Überwiegt ein klares Nein, so spricht das dafür, dass Sie tatsächlich systematisch spekulieren. Wichtig ist: Seien Sie ehrlich zu sich selbst!

	Ja	Nein
Ich besitze Aktien, in die ich mich regelrecht verliebt habe. Es fällt mir schwer, mich von diesen Aktien zu trennen. Selbst die Kursentwicklung ist mir nicht so wichtig.	☐	☐
Mit einzelnen Aktien stehe ich im Verlust, sammele jedoch alle möglichen Informationen, um mir selbst zu zeigen, dass die Aktie eigentlich steigen muss.	☐	☐
Wenn ich kaufe, dann interessiere ich mich nach dem Kauf kaum noch für aktuelle Informationen. Insbesondere negative Nachrichten, die gegen von mir gekaufte Aktienwerte sprechen, lasse ich gerne außer Acht.	☐	☐
Einen Großteil meines Geldes stecke ich oder habe ich in eine oder zwei Aktien gesteckt.	☐	☐
Wenn ich ehrlich bin, habe ich mein Geld in solche Aktien investiert, die entweder in Mode gekommen sind, mir von Freunden oder Bekannten empfohlen wurden oder von denen ich glaube, dass sie steigen müssten. Nähere Gedanken und eigene	☐	☐
Auswertungen habe ich (mir) nicht gemacht.	☐	☐

Börsenspiele: kein Ersatz für die Praxis

Bei den **Börsenspielen** der Banken und Sparkassen haben Sie die Möglichkeit, sich ohne Risiko an die Gesetze der Börse zu gewöhnen. Auch wenn gut trainiert halb gewonnen ist, fehlt bei diesen Börsenspielen allerdings eines: der Nervenkitzel, den Sie beim Einsatz wirklichen Geldes, Ihres Geldes!, verspüren. Ein weiterer Nachteil: Da bei Börsenspielen nach einer gewissen Zeit die Gewinner und die Verlierer ermittelt werden, steht ein solches Spiel unter ganz anderen Voraussetzungen als die wirkliche Spekulation in der Praxis. Mit ein wenig Glück gewinnen Mitspieler, die gar nicht genau sagen können, warum sie gewonnen haben. Sie haben eben einfach auf das richtige Pferd gesetzt.

Wie läuft nun solch ein Börsenspiel ab? Den Börsenteilnehmern wird ein Depot mit beispielsweise 100 000 DM eingerichtet. Es handelt sich dabei natürlich um ein fiktives Vermögen. Die Aufgabe besteht dann darin, durch geschickte Auswahl der zur Verfügung stehenden Aktien und durch entsprechende Umschichtungen – Käufe und Verkäufe – während der Spielzeit das Vermögen bestmöglichst zu mehren. Die meisten Börsenspiele bieten die Möglichkeit, zum Handeln das Internet einzusetzen.

Wenn Sie Interesse an einer Teilnahme haben, dann erkundigen Sie sich bei Ihrer Bank, wann das nächste Spiel geplant ist. Denken Sie jedoch stets daran: Die reale Spekulation ist *kein* Spiel, in dem begrenzte Teilnehmer innerhalb eines begrenzten Zeitraumes um Sieg oder Niederlage kämpfen. In der Realität geht das „Spiel“ auch dann weiter, wenn die Spielzeit im Börsenspiel längst abgelaufen ist.

Der Aktienhandel

Bevor wir in den Aktienhandel einsteigen, ein kleiner Test, ob Sie wirklich ein „Aktientyp" sind. Diese Frage zu klären ist sehr wichtig, und zwar bevor Sie Ihren ersten Kauf tätigen. Das Investieren in Aktien wird für Sie nämlich zu einem Leidensweg und einem Martyrium, wenn Sie kein Aktientyp sind. Welche wesentlichen Eigenschaften Sie mitbringen müssen, zeigt die folgende Checkliste:

Ich verfüge über ...	Ja	Nein
Geduld und Zeit	☐	☐
Urteilsvermögen	☐	☐
gesunden Menschenverstand	☐	☐
Geld, das ich in den nächsten Jahren nicht benötige	☐	☐
die Bereitschaft, Nachforschungen anzustellen	☐	☐
Ruhe und keine Bange vor Panik	☐	☐
Objektivität	☐	☐
Leidensfähigkeit	☐	☐

Wenn Sie sich anhand dieser kleinen Checkliste noch einmal selbst geprüft und überwiegend „Ja" angekreuzt haben, also die geforderten Eigenschaften/Voraussetzungen mitbringen, dann lesen Sie weiter.

Es geht los: der Kaufauftrag

Sie wenden sich zum Aktienkauf an Ihre **Hausbank,** dorthin, wo Sie ein Konto haben. Es gibt des Weiteren die Möglichkeit, Aktien über eine so genannte **Direktbank** zu kaufen. Das spart unter Umständen jede

Menge Gebühren. (Näheres hierzu im Kapitel „Meist billiger: die Direktbanken", Seite 88).

Das übliche Vorgehen ist folgendes:

1. Angabe der Aktie und der Anzahl, die Sie kaufen möchten;
2. Angabe des Kurses, zu dem Sie kaufen wollen;
3. Angabe, wie lange der Auftrag gültig sein soll.

Bezeichnung und Anzahl der Aktien

Jede Aktie hat eine so genannte **Wertpapierkennnummer.** Wenn Sie diese nicht wissen, genügt es, Ihrer Bank mitzuteilen, dass Sie z.B. Aktien der *Allianz AG* kaufen wollen. Dann müssen Sie noch die **Stückzahl** festlegen. Die Bank erledigt den Rest.

Der „Kaufkurs"

Sie können den Auftrag **unlimitiert** oder **limitiert** erteilen. Im Grunde führt an einem limitierten Auftrag kein Weg vorbei. Denn wenn Sie sich ausreichend mit einem Unternehmen und dessen Aktienkursen beschäftigt haben, dann wissen Sie, welchen Preis Sie höchstens zahlen wollen.

Unlimitierter Auftrag

Sie sagen: „10 Aktien der *Daimler Benz AG* billigst kaufen." Das ist ein unlimitierter Auftrag. Bei einem Verkaufsauftrag lautet der Auftrag: „X Aktien der xy-AG bestens verkaufen."

Limitierter Auftrag

Wenn Sie einen Auftrag limitieren, dann heißt es beispielsweise „10 Aktien der *Allianz* mit Limit xy EURO kaufen", beim Verkaufsauftrag: „10 Aktien der *Allianz* mit Limit xy EURO verkaufen."

Warum gibt es den Unterschied zwischen limitierten und unlimitierten Aufträgen?

Es existieren große und kleinere Aktiengesellschaften. Bei größeren AGs spricht man von einem **breiten Markt.** Es sind AGs, deren Aktien tagtäglich zu mehreren tausend gehandelt werden. Hier gibt es zwar auch

Kursschwankungen, aber diese sind ungefährlicher als die Kursschwankungen bei kleineren Werten, sprich: bei AGs, die weniger breit gehandelt werden, wo also nur wenige Aktien gehandelt werden.

Warum ist es so wichtig, zwischen diesen breit gehandelten und weniger breit gehandelten Aktien zu unterscheiden? Dazu folgendes, extrem vereinfachtes Beispiel:

Angenommen, von einer Aktiengesellschaft gibt es nur 20 Aktien. Diese 20 Aktien hält ein einziger Aktionär. Fiktiver Kurs: 200 EUR. Das wäre dann ein so genannter ***enger Markt****. Wenn Sie nun aus verschiedenen Gründen diese Aktie kaufen wollen, so sind Sie davon abhängig, dass der bislang einzige Aktionär verkauft. Es herrscht also wenig Angebot und durch Ihr Interesse viel Nachfrage. Wenn Sie nun einen Kaufauftrag für diese Aktie unlimitiert erteilen, beispielsweise: „Ich möchte 20 Aktien unlimitiert ultimo kaufen", so kaufen Sie zu dem Kurs, zu dem der einzige Aktionär verkaufen möchte. Der einzige Aktionär gibt seiner Bank den Auftrag, 20 Aktien zum Preis von 300 EUR zu verkaufen (limitierter Auftrag). Beide Aufträge liegen an der Börse vor. Da Sie bestens kaufen wollten und der „beste" Kurs laut Verkaufsangebot des bisherigen Aktionärs bei 300 EUR liegt, kommen Sie zum Zuge. Allerdings zum teuren Kurs von 300 EUR. Soweit ist es eigentlich noch kein Problem. Das beginnt erst, wenn Sie eines Tages Ihre Aktien wieder verkaufen wollen. Da es ein enger Markt ist, gibt es weniger Nachfrage als bei den breit gehandelten Aktien. Möglicherweise finden Sie keinen Käufer. Jetzt kann sich das Spiel umdrehen: Wenn Sie frustriert eines Tages einen Verkaufsauftrag „20 Aktien bestens, ultimo verkaufen" erteilen, kommt womöglich ein Käufer, der am selben Tag einen Kaufauftrag „Kaufe 20 Aktien mit Kurs 150 EUR" erteilt hat. Und schon sitzen Sie in der Falle. Da das einzige Kaufangebot auf 150 EUR lautet, ist es gleichzeitig das beste Angebot. Verlust bei Verkauf: 50%.*

Das Ganze ist ein extremes und so in der Praxis nicht vorkommendes Beispiel. Es soll nur verdeutlichen, warum ein limitierter Auftrag wichtig sein kann. Bei allen großen Aktiengesellschaften handelt es sich um einen breiten Markt, wie bereits oben gesagt. Starke Schwankungen kommen hier in der Regel nicht vor.

Gültigkeitsdauer des Auftrags

Sie als Kunde bestimmen, wie lange ein Auftrag gültig sein soll. Es gibt in der Regel zwei Möglichkeiten:

1. Der Auftrag ist nur für den aktuellen Tag gültig.
2. Sie erteilen den Auftrag bis Monatsende; hier lautet der Auftrag dann z.B.: „10 Aktien der *Allianz,* Limit xy Euro, ultimo kaufen."

Tipps fürs „Handling"

Der deutsche Börsenhandel läuft an unterschiedlichen Börsen in Städten wie Frankfurt, Hamburg und anderen zur Zeit in der Regel von 8:30 bis 17:00 Uhr.

Ihren Auftrag können Sie schriftlich, telefonisch, per Fax oder auch per E-Mail durchgeben. Wenn Sie bislang noch keine Aktien besessen haben, so richtet Ihnen Ihre Bank beim ersten Aktienkauf ein so genanntes **Depotkonto** ein. Künftig geben Sie dann Ihre Aufträge zu Lasten des jeweiligen Geldkontos und zugunsten Ihres Depotkontos.

Wenn Sie nicht zu den Computerfreaks gehören und Sie sich nicht als nahezu Profi *online*, also realtime an die Börse anklinken, dann sollte Ihr Auftrag bis gegen 11:00 Uhr bei der Bank vorliegen. Hier gibt es allerdings unterschiedliche Modalitäten. Fragen Sie Ihren Banker nach den genauen Orderzeiten!

Ein wenig „Börsenchinesisch"

Die Kurse von Aktien werden hin und wieder mit **Kurszusätzen** wie „b", „G" und so weiter bezeichnet. Sie werden auf diese Kurszusätze stoßen, wenn Sie in Tageszeitungen die Aktienkurse verfolgen. Hier die häufigsten Bezeichnungen:

ABKÜRZUNG	TEXT	ERKLÄRUNG
B	Brief	Verkaufsangebote lagen vor, sie konnten aber nicht durchgeführt werden
G	Geld	Kaufangebote lagen vor, sie konnten aber nicht durchgeführt werden
b	bezahlt	Vorliegende Aufträge wurden ausgeführt
bB	bezahlt Brief	Es gab Umsätze, dennoch lagen weitere Verkaufsangebote vor, die aber nicht durchgeführt werden konnten
bG	bezahlt Geld	Es gab Umsätze, dennoch lagen weitere Kaufangebote vor, die aber nicht durchgeführt werden konnten
–	gestrichen	Es gab keine Umsätze
T	Taxkurs	Der Kurs ist nur geschätzt, da es keine Umsätze gab

HIER EINE EINGÄNGIGERE „ÜBERSETZUNG" DER FACHBEGRIFFE:

G	Geld	Geld war da, Aktien gab es zu wenig; also: nur Nachfrage
B	Brief	Aktien waren da, Geld gab es zu wenig; also: nur Angebot

EXPERTENTIPP

Grundsätzlich gilt: Je geringer die Umsätze, desto klarer müssen Sie Ihr Limit setzen.

Richtig ist: Diese Kurszusätze informieren Sie zusätzlich über die Stimmung an der Börse. Unsinnig ist: sich irgendeinen Vorteil zu erhoffen, nur weil man weiß, was sie bedeuten. Selbst wenn ein Kurs einer Aktie über mehrere Tage mit „G“ notiert, hilft Ihnen das nicht weiter. Manchmal erleben Sie unter Börsenanfängern eine rege Diskussion, ja sogar Begeisterung und Aufregung, wenn ein Kurs längere Zeit mit „G“ oder „bG“ notiert. Auch solche Reaktionen sind fehl am Platz. Ob Sie auf Dauer Geld mit Aktien verdienen, hängt von solchem Einsteigerwissen nicht ab.

Provision, Courtage & Spesen

Beim Kauf fällt einiges an Gebühren an; unter anderem eine so genannte **Clearinggebühr**, die unabhängig von der Auftragshöhe gezahlt werden muss. Kaufen Sie ausländische Aktien, ist diese Clearinggebühr schnell doppelt so hoch. Für das Personal und die gesamten Buchungsvorgänge berechnet Ihnen die Bank herkömmlich eine **Provision** von in der Regel 1% des Kurswertes. Viele Banken nehmen heute eine Mindestgebühr, da jeder Börsenauftrag einer Bank Kosten von rund 70 DM verursacht. Die Mindestgebühr liegt schnell bei 50 DM. Kleinere Kaufaufträge sind somit mit höheren Kosten belastet. Des Weiteren gibt es die so genannte **Courtage**, in der Regel 0,06‰ des Kurswerts. Die Courtage fließt den Kursmaklern zu.

Meist billiger: die Direktbanken

An so genannte **Direktbanken** sollten Sie sich wenden, wenn Sie ein „aufgeklärter“ Privatkunde sind. Direktbanken sind billiger, da die meisten keinen Beratungsdienst leisten. An- und Verkäufe kosten für Sie deshalb weniger als bei herkömmlichen Banken. Da sich die Gebührenstruktur der Direktbanken hin und wieder ändert, ist es wenig sinnvoll, hier auf Einzelheiten einzugehen. Fragen Sie bei der Direktbank Ihrer Wahl nach.

Die Verwaltung Ihrer Aktien

Ein erfolgreiches Depot zusammenstellen

Aktien zu kaufen, das bedeutet, sich über die wirtschaftliche Entwicklung zu informieren und erst dann zu kaufen. Eine niedrige Inflationsrate, niedrige Zinsen und ein stabiles, breites Wirtschaftswachstum sind Grundvoraussetzungen. Liegen diese Voraussetzungen vor, heißt es nun, genau die richtige Mischung zu treffen: nicht zu viele Aktien ins Depot zu holen, aber auch nicht nur auf einen Aktienwert zu setzen.

Die verschiedenen Aktientypen

Wachstumsschwache Aktien

Oft handelt es sich um Aktien alter, großer Unternehmen. Unternehmen, die in einem Bereich tätig sind, in dem sich das Wachstum verlangsamt hat. Da Sie als Aktionär von der künftigen Gewinnentwicklung profitieren wollen und diese auch den Aktienkurs beeinflusst, sollten diese wachstumsschwachen Unternehmen nicht Ihre erste Wahl sein.

Stetige Aktien

Es sind Aktien von Unternehmen, die zwar nicht schnell wachsen, aber immerhin die wachstumsschwachen Unternehmen schlagen. Sie können mit den Aktien solcher Unternehmen nicht viel falsch machen, aber es dauert womöglich lange, bis Sie einen ansehnlichen Gewinn erzielen. Das hängt entscheidend davon ab, wann Sie einsteigen. Bei diesen Aktien sollten Sie nicht auf hunderte % Kursteigerung hoffen. 30 bis 50% Steigerung sind bei diesen Aktien schon eine ganze Menge.

Beispiele für stetig wachsende Unternehmen sind: *Coca-Cola, Colgate-Palmolive* und Ähnliche.

Wachstumsstarke Aktien

Mit diesen Aktien können Sie große Kurssteigerungen erzielen. Auch 20 bis 30% im Jahr sind hier kein Problem. In der Regel handelt es sich um Aktiengesellschaften einer schnell wachsenden Branche oder aber um ein Unternehmen, das eine Nischenposition besetzt. Wichtig ist, dass wachstumsstarke Unternehmen über ausreichend Kapital verfügen. Sonst enden die Wachstumsräume schnell im Konkurs. Bei wachstumsstarken Aktien müssen Sie sich ständig informieren, um rechtzeitig zu erkennen, wann der Aufschwung seinem Ende entgegenläuft.

Zyklische Aktien

Zyklische Aktien sind Aktien solcher Unternehmen, in denen sich regelmäßig Wachstum und Rückgang abwechseln. Typische Beispiele sind Autohersteller wie *VW, Ford, General Motors.* Aktien solcher zyklischen Unternehmen steigen und fallen in nahezu regelmäßigem Rhythmus. Die Kursentwicklung der Aktien solcher Unternehmen ist in der Regel abhängig von der konjunkturellen Entwicklung. Floriert die Konjunktur, steigen die Aktien, liegt die Konjunktur am Boden, sinken auch die Kurse dieser zyklischen Aktien. Wenn Sie also in zyklische Aktien investieren, ist Timing alles. Versuchen Sie bei solchen Investments so früh wie möglich an Informationen heranzukommen. Je früher Sie bei einem Auf- oder Abschwung reagieren, desto größer sind die Erfolgsaussichten.

Turnaround-Aktien

Dies sind Aktien von Unternehmen, die eigentlich schon pleite sind, aber irgendwie noch vor sich hindümpeln. In den Kursen sind quasi alle Nachrichten des Marktes bereits enthalten, alle schlechten Entwicklungen bereits verbucht. Schlimmer kann es nicht mehr werden. **Turnaround-Aktien** zeigen eine ganz eigene Kursentwicklung. Selbst dann, wenn der Gesamtmarkt schwach tendiert, können Turnaround-Aktien plötzlich wieder an Boden gewinnen und in ungeahnte Höhen hochklettern. Achtung: Schwierig ist die Spekulation mit Turnaround-Aktien, wenn es sich um **marktenge** Papiere handelt.

Ein Beispiel aus dem Jahr 1997 ist die Kursentwicklung der Aktien der Ravensberger Baubeteiligungen. *Die Kursentwicklung zeigte eine typische*

Rounding-bottom *Untertassenformation. Schlechte Nachrichten hatte die* Ravensberger Baubeteiligungen *in den Monaten zuvor in Menge zu verkraften. Es nahte die Hauptversammlung und plötzlich stiegen die Kurse am rechten Untertassenrand. Allerdings: An manchen Tagen war der Umsatz so gering, dass bereits einige wenige Großinvestoren den Markt bestimmen konntn. Der Kurs stieg dann innerhalb von Tagen von rund 3 DM auf rund 7 DM. Dieser Turnaround (Umkehrung, Wechsel) erwies sich allerdings als kurzatmig. Nach der Hauptversammlung fiel der Kurs wieder. Das, was kurzfristig als Turnaround ausgesehen hatte, erwies sich als Reaktion eines marktengen Papieres, da am Markt kurze Hoffnung aufkam. Das Beispiel der* Ravensberger *übrigens machte sehr deutlich: Lediglich auf die Charttechnik, die Sie bereits im Kapitel „Technische Analyse" kennen lernten, zu vertrauen, funktioniert nicht immer. Ohne die Kenntnis fundamentaler Daten geht es schnell schief.*

Ein typisches Turnaround-Beispiel ist auch die Toys „R" Us-*Kette.* Toys „R" Us *war innerhalb eines konkursreifen Unternehmens eine gut laufende Unternehmenseinheit, wurde ausgegliedert, und die Kurse stiegen um über 5 000%.*

Die Depotstruktur Ihres Vermögens

Im Folgenden finden Sie lediglich eine Empfehlung, wie Sie – je nachdem, welcher Anlegertyp Sie sind – Ihr zur Geldanlage zur Verfügung stehendes Kapital aufteilen sollten. Sie selbst müssen letztlich entscheiden, welches Mischungsverhältnis zwischen Aktien und Rentenpapieren für Sie optimal ist. Bei der Aufteilung werden nur die empfohlenen Aktien- und Rentenanteile genannt, da es um die Investition des frei verfügbaren Kapitals geht. **Optionsscheine** und **Optionen** erstehen, das sollten Sie erst dann, wenn Sie mehr Erfahrung besitzen.

„Depottyp"	Aktienanteil	Rentenanteil
konservativ	10–40%	60–90%
spekulativ	40–70%	30–60%
risikoorientiert	mehr als 70%	weniger als 30%

Wenn Sie sich Ihr persönliches Depot zusammenstellen, gilt es, im Vorfeld branchentypische Einflussfaktoren zu kennen und zu berücksichtigen. Im Folgenden einige Beispiele:

Computerindustrie

- neue Aufgabengebiete (Beispiel: Euro-Umstellung)
- Rationalisierungsbemühungen der Wirtschaft
- Software-Engpass
- Preisentwicklung bei so genannten Halbleitern

Versicherungen

- Schadenshäufigkeiten
- Wettbewerbsverzerrung durch Banken
- Konkurrenz durch Direktversicherer

Automobilindustrie

- politische Forderungen und Vorgaben (3-Liter-Auto, Kat-Regelung)
- Zinsniveau (Sie erinnern sich: sinkende Zinsen führen zu höheren Ausgaben)
- Wettbewerb durch ausländische Importe
- Wirtschaftliche Entwicklung von Transportunternehmen (LKW-Nachfrage)

Mit Fachzeitschriften up to date

Vor Börsenbriefen und heißen Tipps sollten Sie sich hüten. Wenn Sie jedoch durch die Lektüre dieses Buches Geschmack an der Börse gefunden haben, werden Sie die im Folgenden genannten Fachzeitschriften und Spezialinformationsdienste für Börsenwissen interessieren. Ihr oberstes Ziel muss lauten: Ständig gut informiert zu sein.

Es handelt sich bei der Auflistung um eine Auswahl ohne Wertung. Neben den genannten gibt es weitere Informationsquellen, insbesondere die Börsennews zahlreicher Banken. Sie können bei einigen der genannten Adressen anrufen und – soweit möglich – ein Probeexemplar der Publikation anfordern oder sie auf Widerruf bestellen und so bereits in wenigen Tagen damit beginnen, aktuell am Börsengeschehen teilzuhaben.

Fachzeitschriften

Der Aktionär, Börsenmagazin, 09221/9051-0
Der Aktionärsreport, Informationen für Aktionäre und Börseninteressierte, 069/5890325
Capital, 0221/4908-00
Cash Kapitalanlage-Magazin, 040/5144401
DM, das private Wirtschaftsmagazin, 0211/887-0
Financial Times (englisch), 069/15685133
Wall Street Journal Europe (englisch), 030/391-4053
Finanzen, Wirtschaftsmagazin für erfolgreiche Kapitalanleger, 089/27264-0
FINANZtest, Ihr Geld + Ihr Recht, 030/2631-2303
Handelsblatt, 0211/88870
Das Wertpapier, Zeitschrift für Geldanlage, 0211/6697-01
Wirtschaftswoche, 0211/887-0
Börse Online, 089/35633-200 (Börse Online bietet Ihnen zahlreiche statistische Werte, unter anderem hilfreiche Tabellen, Kennzahlen und Informationen: Bewertung der Aktien [Index, das Kurs-Gewinn-Verhältnis des Marktes, Dividendenrendite], Aktien mit niedrigem Kurs-Gewinn-Verhältnis, Aktien mit hoher Dividendenverzinsung, Kursgewinner/-verlierer im Inland und im Ausland, Weltbörsen: Aussichten für Aktien und Anleihen)
Euro am Sonntag, 089/27264-0 (auch hier finden Sie wöchentlich einen umfassenden Aktienteil mit verschiedenen Angaben je Aktie und einer Punktebewertung hinsichtlich des Risikos)

Spezialinformationsdienste

Die Actien-Börse, 0211/864170
Die Aktien-Analyse, aktuelle Analysen deutscher und internationaler Werte, 0228/8205-0 (Hinweis: Es handelt sich um ein nicht gerade billiges Loseblattwerk. Nach der einmaligen Lieferung erfolgt regelmäßig die kostenpflichtige Aktualisierung. Tipp: Fordern Sie dieses Loseblatt-

werk an, ab er vergessen Sie nicht, es rechtzeitig innerhalb der gewährten Ansichtsfrist zurückzusenden)
Aktientrend, 02224/6832
Kapitalanlagen (Fuchsbriefe), Der Aktionärsbrief, 0211/86417-0
Börse Aktuell, 0711/354711
Finanzwoche, 089/7911076
Hanseatischer Börsendienst, 040/7906084
Hoppenstedt Aktienanalysen (Loseblatt-Sammlung), 06151/3800
Platow Brief, 069/242639-0
Swingtrend-Börsendienst, 089/3009011

Bitte denken Sie daran: Das Lesen von Spezialinformationsdiensten wie auch von anderen Fachzeitschriften kann schnell dazu verführen – salopp gesagt – den Verstand beim Aktienkauf auszuschalten und stattdessen auf die Expertentipps zu vertrauen. Doch Sie wissen ja: Auch die Prognosen und Tipps der Profis liegen häufig genug daneben.

Wenn Sie wirklich Verständnis für das Wirtschafdtsgeschehen entwickeln wollen, um in Folge erfolgreich das Börsengeschehen beobachten zu können, führt kein Weg daran vorbei, sich regelmäßig beispielsweise mit dem „Handelsblatt" zu beschäftigen. Es genügt schon, wenn Sie es einmal die Woche, vielleicht am Wochenende, in Ruhe lesen. Insbesondere den Teil „Finanzzeitung". Beachten Sie: Das „Handelsblatt" erscheint bereits freitags für die Ausgabe Freitag/Samstag. Wenn Sie dann noch die Zeitschrift „Börse Online" mit ihren umfangreichen Informationen und Kennzahlen lesen, dann befinden Sie sich schnell mittendrin in der Börsenwelt und im Börsengeschehen.

Computerprogramme zur professionellen Verwaltung

Börsensoftware gibt es zwischenzeitlich jede Menge. Dabei gilt: Entscheiden Sie sich für das falsche Börsenprogramm, haben Sie schnell einige hundert DM in den Sand gesetzt. Klären Sie deshalb vor dem Kauf folgende Punkte: Ist die Software für Ihren Rechner, Ihr Betriebssystem geeignet? Welchen Aktualisierungsmodus wünschen Sie: monatlich, wöchentlich oder gar täglich? Im Folgenden eine nicht repräsentative Auswahl an Börsensoftware; fordern Sie bei den einzelnen Herstellern Informationsmaterial an. Die meisten versenden zu einem geringen Preis (etwa 30 bis 50 DM) eine so genannte Demoversion. Mit dieser Version können Sie sich das Programm in Ruhe anschauen.

Wer sich genauer in die Materie der Börsensoftware einlesen möchte, dem sei das Buch „Börsensoftware – die besten Programme für Ihren Erfolg", erschienen im *Deutschen Sparkassenverlag,* Stuttgart, empfohlen. Das Buch erschien zwar erstmals bereits 1996, dennoch bietet es einen guten Überblick über mögliche Softwareprodukte.

AS-Chart Basis	0931/321500
Avalonia Pro	0821/2291904
Chart-Analyst	09221/7798
Market Maker	0631/3649-100
MoneyLine	0241/9019044
Optima	0941/35236
T & A	0211/669715
Winchart	08091/5697-0

Extra: Aktienfonds

Was ist ein Fonds?

Ein **Investmentfonds** wird von einer so genannten **Kapitalanlagegesellschaft** aufgelegt. Statt von „Kapitalanlagegesellschaft" ist häufig auch von **Investmentgesellschaft** oder **Fondsgesellschaft** die Rede. Ein Fonds ist quasi ein großer Topf. In diesen Topf investieren Anleger ihre Spargelder und erhalten im Gegenzug **Anteilsscheine** am Fondsvermögen. Dieser Topf, also der jeweilige **Investmentfonds**, kauft mit dem **Fondsvermögen** die je nach Anlagevorschrift zugelassenen Wertpapiere, beispielsweise Aktien. Was ge- oder verkauft wird, entscheidet das so genannte **Fondsmanagement**. Es wird von der Kapitalanlagegesellschaft ausgewählt. Dem Fondsmanager oder dem Fondsmanagement-Team stehen Analysten beratend zur Seite. Verwaltet wird das Fondsvermögen über eine Depotbank. Das ist vergleichbar mit der privaten Anlage in Aktien: Hier kaufen Sie als Anleger und Ihre Bank als Depotbank verwahrt die Papiere.

Risikostreuung

Die breite **Streuung** ist der Hauptvorteil der Geldanlage über Investmentfonds. Wenn Sie 1 000 EUR in zwei verschiedenen Aktien anlegen, risikieren Sie, dass die Kurse Ihrer Aktien bei schlechter Unternehmensentwicklung sinken und Sie Geld verlieren. Im schlimmsten Fall ist Ihr Geld weg. Was liegt also näher, als sich an möglichst vielen Unternehmen zu beteiligen, um das Risiko zu verringern? Das einzige Problem: Sie werden wahrscheinlich nicht über so viel Geld verfügen, um Ihr Geld sehr breit in „ganze" Aktien verschiedener Aktiengesellschaften anlegen zu können. Beim Fonds hingegen ist das kein Problem, da Sie sich zahlreiche Aktien mit tausend anderen Anlegern quasi teilen.

Das Fondsmanagement hat sich nach den gesetzlichen und den speziellen Fondsanlagerichtlinien zu richten. Beispiel: Steht im Fondsprospekt, dass das Fondsmanagement nur in deutsche Aktien investieren darf, dann muss sich das Fondsmanagement nach diesen Vorgaben richten. Dies ist notwendig, damit Sie sich als Anleger an der Fondsbezeichnung, beispielsweise „Deutscher Aktienfonds“, orientieren können.

Bei Aktienfonds gibt es zahlreiche Variationen. Für jeden Anlegertyp ist etwas dabei. Es gibt Fonds mit Schwerpunkt Europa, Amerika, Japan, Deutschland, Fernost und viele mehr.

So kaufen Sie Fondsanteile

Fondsanteile zu kaufen ist ganz einfach. Sie können beispielsweise vom Bundesverband der deutschen Investmentgesellschaften BVI (siehe unten) die aktuellen Monatszahlen der deutschen Investmentfonds anfordern. Auf diese Weise erhalten Sie einen ersten Überblick. Unabhängigen Rat gibt es auch über den Bundesverband deutscher Investmentberater (BVDI) mit Sitz in Hamburg, 040/545452 (Stand: 3/99). Dieser hilft Ihnen, einen geprüften Berater in Ihrer Nähe zu finden. Weitere Informationen erhalten Sie einmal im Monat unter anderem über die Zeitschrift FINANZEN. Hinter den einzelnen Fondsnamen in Listen oder in der BVI-Aufstellung finden Sie oftmals auch die jeweilige Kapitalanlagegesellschaft genannt, beispielsweise „DIT“ für „Dresdner Investment Trust“, die Kapitalanlagegesellschaft der Dresdner Bank. Sie wenden sich an die jeweilige Fondsgesellschaft und lassen sich Antragsunterlagen zukommen. Ausfüllen, versenden und mit dem Sparen anfangen – das ist alles!

Aktienfondsgesellschaften (Auswahl)

Fondsgesellschaft	Vertrieb
ADIG	Commerzbank, Hypo Vereinsbank
DEKA	Sparkassen
DIT	Dresdner Bank
DWS	Deutsche Bank
UNION	Raiffeisen- und Volksbanken

Der *Bundesverband der deutschen Investmentgesellschaften (BVI)*
Wie der Name bereits sagt, handelt es sich um einen Bundesverband ausschließlich deutscher Investmentgesellschaften, und zwar mit Sitz in Frankfurt am Main. Er bietet jede Menge Information rund um Investmentfonds. Wichtig: Der BVI informiert über die Wertentwicklung der einzelnen Fonds. Sie können diese Infos auf verschiedene Weise (schriftlich oder unter der Infonummer 069/15 40 90-0) abrufen. Für alle Internet-Begeisterten bietet sich die Homepage unter www.bvi.de an.

Register